Merci connard !

De la même auteure :
Good Quantic Box, Éditions Contre-Dires, 2021.
Good Karma Box, Éditions Contre-Dires, 2021.
L'Oracle des Medeores, Éditions Exergue, 2021.
L'Oracle d'Ankaa, Le Courrier du Livre, 2020.
Karma Bitch, Le Courrier du Livre, coll. « Dev Perso », 2019.

ISBN : 978-2-84933-605-2

www.editions-tredaniel.com
info@guytredaniel.fr
www.facbook.com/editions.tredaniel
@editions_contre_dires

Stéphanie Abellan

Merci connard !

SE LIBÉRER DES SOUFFRANCES ÉMOTIONNELLES

Éditions **CONTRE-DIRES**
19, rue Saint-Séverin
75005 Paris

SOMMAIRE

AVANT-PROPOS

Mise en bouche

À 16 ans, je pensais qu'à cet âge avancé de vieillerie (34 ans, mais je fais moins), j'aurais trouvé un chic type, que je serais enceinte du second et que la pelouse serait tondue par monsieur tandis que je préparerais le barbecue dominical.

Bon.

Le constat est sans appel : je suis mère célibataire, j'ai rencontré pas mal de psychopathes et de minables et en plus je suis végétarienne.

Alors la question que je me pose est : est-ce vraiment possible de nos jours de trouver la bonne personne et d'être heureux en couple ? Nous n'avons malheureusement pas la réponse à cette question sinon vous n'auriez pas acheté ce livre. Nous allons donc plutôt nous concentrer sur le cas de figure qui nous concerne vraiment : comment faire quand on a autant de *lose* en amour que de vergetures après un régime Dukan ?

Comment cerner les causes à effets de ces relations ratées ? Comprendre les clés d'évolution et le message que chacune de ces rencontres malheureuses a à vous donner ?

Au fil de ce livre, je vous donnerai des outils pour vous détacher de la douleur émotionnelle de ces échecs afin que vous preniez de la hauteur pour saisir la clé d'évolution sans le trousseau de souffrance qui va avec.

Ce livre a été écrit par une femme, je m'adresse donc aux autres femmes au fil de ces lignes, mais le contenu vous concerne également, messieurs, car je suis persuadée que vous avez aussi beaucoup de grosses connes à remercier !

Trinquons à tous les connards et les connasses que nous avons rencontrés, car c'est grâce à eux que nous atteindrons une parfaite maîtrise de soi et de nos émotions, *cheers* !

CHAPITRE 1

L'état des lieux

Se faire poser un lapin

Si vous venez juste de vous séparer et que vous souillez les pages de ce livre avec vos larmes salées et que vous tournez en boucle sur votre ex depuis votre séparation, qui passait sa vie à vous ghoster, ou si vous êtes en couple et que vous êtes profondément malheureuse, il est temps de faire un état des lieux.

À ce stade, vous êtes un peu comme la vieille deux-chevaux qui doit passer au contrôle technique, elle a des kilomètres au compteur, on l'aime bien, mais on ne sait pas si elle va pas nous claquer dans les pattes. Rassurez-vous, personne ne meurt d'une rupture amoureuse, PERSONNE, enfin scientifiquement, c'est impossible.

Donc voilà, vous êtes mal, vous souffrez, mais vous n'allez pas en mourir. Du coup, il nous reste deux possibilités :

- **s'accrocher à cette souffrance** comme si elle allait faire revenir votre ex, le bonheur conjugal perdu, ou la virginité de votre copine Sophie qui était en internat chez les bonnes sœurs et qui s'est bien rattrapée depuis ;
- **décider que vous avez envie d'être heureuse** et que le bonheur n'est pas quelque chose qui dépend de l'extérieur.

Personne ne pourra décider pour vous, vous êtes livrée sur cette terre avec une option géniale qui s'appelle le « libre arbitre ». Elle vous permet de courir nue dans les rues de votre village en chantant Hakuna Matata, ou bien encore de manger des scarabées et de vous baigner dans la fontaine municipale, à moitié saoule. Vos choix sont tous possibles et approuvés par ce fameux libre arbitre : il accepte vos décisions quelles qu'elles soient, même les plus connes. Soyons sérieuses deux minutes : avoir le droit de faire quelque chose ne signifie pas que c'est intelligent, c'est là où nous allons faire fonctionner notre cerveau et où nous allons faire un vrai état des lieux interne.

Pour que les conseils que je vous propose dans ce livre soient efficaces, il va falloir dès à présent prendre la décision de ne plus vouloir souffrir. Ça peut paraître trivial et pourtant, souvent, quand nous souffrons, c'est simplement parce que nous ne nous sommes pas posé la question de savoir si nous étions d'accord de lâcher cette souffrance.

Alors, prenez une grande inspiration, regardez-vous dans le miroir et posez-vous cette question :

« Es-tu prête à lâcher cette souffrance et être heureuse ? »

Si la réponse est oui, vous pouvez manger un scarabée et continuer la lecture.

Si la réponse est non, giflez-vous et recommencez.

La volonté d'aller mieux est la même que la volonté de faire attention à soi quand on veut se sentir mieux dans sa peau : vous aurez beau faire mille régimes, suivre tous les tutos « fitcul-en-forme-de-pêche » des nanas sur YouTube, si au fond vous n'avez pas décidé que vous avez envie de changer et d'aller mieux, tout retombera comme un soufflé à la première occasion. Lorsque vous aurez terminé ce chapitre, vous aurez profondément DÉCIDÉ que vous voulez changer, que vous voulez laisser le mal-être, la souffrance émotionnelle et le passé derrière vous : vous serez prête à ouvrir votre esprit, avoir des déclics, comprendre certains de vos schémas répétitifs et, surtout, vous serez prête à accueillir le bonheur et l'amour pur dans votre vie.

CHAPITRE 2

L'encodage affectif

On mangeait quoi à la cantine ?

Vous me direz, avant toute chose, à quel moment le fil rouge et le fil vert se croisent et font une énorme étincelle dans notre petite cervelle et nous amènent à vouloir rester malheureuses sans aucune raison valable ?

Il y a un facteur transgénérationnel et un facteur lié aux vies antérieures que vous trouverez plus loin, mais le plus important reste celui-là : comment avez-vous été aimée enfant ?

L'être humain est ainsi fait, il a besoin de sécurité. Sans cela, il n'est pas capable de se construire et peut même en mourir. La nourriture émotionnelle est aussi importante que la nourriture physique, et, croyez-moi sur parole, j'ai un bac +5 pizzas Margherita. Durant votre enfance, vous avez désigné de façon inconsciente votre cocon de sécurité : celui-ci est le contexte dans lequel vous avez grandi (même si vous avez déménagé).

Ce contexte se compose d'une équation simple :

Les personnes qui vous ont élevée
+ la façon dont ils vous ont élevée
+ la répercussion émotionnelle que cela a eu sur vous
= votre vision de l'amour

Prenons un exemple :

Vous pouvez observer à travers une fenêtre un petit garçon, Henri. Il a tout juste 5 ans. Son père boit et le frappe souvent, sa mère assiste à cela impuissante et ne contredit pas son mari pour ne pas aggraver les choses. Malgré le climat plus que délétère et désastreux de ce cocon, Henri l'associera à sa vision de l'amour.

Pourquoi ?

Tout simplement parce qu'un enfant a besoin de sécurité et même lorsqu'elle n'est pas présente, il remplace ce qu'il devrait avoir par ce qu'il a. Henri sera donc un enfant qui se construira avec une sécurité émotionnelle défaillante et qui associera l'amour à de tels comportements.

Par exemple :

Il sera tenté de n'attirer inconsciemment que des femmes volages ou qui profitent de lui, car sa vision de l'amour est qu'on ne peut pas compter sur les femmes, car lorsqu'il souffre ou qu'il est en danger, elles ne bougent pas et le laissent se débrouiller seul.

Il aura aussi tendance à ne pas faire confiance aux autres hommes, car il pensera qu'ils ont du ressentiment et du mépris pour lui.

Cette vision construite durant tout ce temps où le petit Henri s'est lui-même forgé devient sa réalité. Et même si, plus tard, il souhaite rencontrer une jeune femme gentille et aimante, les vibrations que cette catégorie de femmes lui envoie ne l'attireraient pas de façon énergétique, car cela ne vibre pas avec l'encodage de l'amour tel qu'on le lui a appris.

Alors, sommes-nous destinées à subir ce fameux encodage toute notre vie ? Est-il tatoué sur notre peau tel le lapin Playboy que votre copine Claudia avait fait sur le bas du cul au collège ?

La réponse est : non.

Vous n'êtes pas rattachée à cela de façon inexorable. Cela dit, ce travail de déconstruction nécessitera du temps et un certain travail analytique de votre propre mode de fonctionnement. Je vous propose de faire ce petit exercice afin de déterminer votre propre encodage :

Comment puis-je résumer l'ambiance générale du cocon dans lequel j'ai grandi enfant ?

Agressivité, peur, amour, attention, absence, etc. ? Écrivez les adjectifs qui la caractérisent le mieux.

Comment puis-je résumer l'attitude de mon père ?

Écrivez les adjectifs qui la résument le mieux.

Comment puis-je résumer l'attitude de ma mère ?

Écrivez les adjectifs qui la résument le mieux.

Quel est mon rapport et quelle est ma vision de la femme ?

Quel est mon rapport et quelle est ma vision de l'homme ?

Faites la synthèse de tout cela, recoupez et comparez vos réponses, vous obtiendrez la vision de l'amour que vous pensez avoir héritée de votre enfance, le tatouage encodé dans votre inconscient depuis lors.

Comme tout apprentissage, vous pouvez modifier les leçons, reprendre le tissage complexe de votre inconscient, il vous faudra du temps et de la patience, mais ne vous inquiétez pas, lorsque vous émettez l'intention de défaire des schémas, l'univers vous entend et vous envoie des situations et des rencontres qui vous permettront de vous en libérer. De plus, tout le travail personnel que vous ferez en termes d'introspection sur vous en sera d'autant plus efficace.

CHAPITRE 3

Les plaies émotionnelles

Quand on se brûle sur le gril

Lorsque l'on s'approche de trop près de l'amour, nous pouvons être brûlées par deux types de feu : celui de la dépendance affective et celui des blessures de l'âme.

Le premier feu est le plus simple à détecter : si, dès que vous rencontrez un type dans une soirée salsa, vous vous imaginez en train de siroter des Margaritas lors de votre mariage à São Paulo, vous avez de grandes chances d'entrer dans cette description. Si vous êtes dépendante affective, vous envisagerez une histoire d'amour avec chaque homme ou femme rencontré, alors que l'amour va dans l'autre sens : dans une foule d'inconnus, il vous trouve, il vous impacte, il laisse une empreinte en vous qui a un goût d'unique. La dépendance affective, c'est le contraire, elle envisage tout le monde, tout le temps, elle vous fera même vous demander si le voisin qui sort juste de prison pour triple homicide pourrait être le père de vos enfants. Vous envisagez tout et n'importe qui, car vous n'êtes pas en recherche de l'Amour, mais en recherche d'amour. N'importe qui pourrait tenir ce rôle tant que l'on vous remplit de carburant affectif. Tant pis si la Punto est pas toute jeune et vous laisse en plan à chaque aire d'autoroute, vous voulez covoiturer, vous ne supportez pas d'être seule.

Ce type de comportement nécessite une conscientisation de ses schémas de fonctionnement : sur vos précédentes rencontres, combien possédaient vraiment les qualités que vous recherchiez ? Pouvez-vous honnêtement toutes les ranger dans la catégorie *Dream-Man*[1] ?

La réponse est bien souvent non. Car quand la vie ne nous propose rien, nous faisons avec et nous nous persuadons que le bonheur est bien là, sous nos yeux.

La dépendance affective provient d'une incapacité personnelle à s'aimer et à se donner suffisamment de carburant pour voyager seule. Vous allez devoir vous trouver, vous réaliser afin de pouvoir sortir du puits dans lequel vous vous êtes engoncée.

Le second cas de figure, lui, est un peu plus complexe, car dans cette configuration, vous avez réellement trouvé une personne idéale pour vous, mais celle-ci fait ressortir les plaies les plus souffrantes de votre être. Vous avez activé sans le vouloir le mode **miroir**. L'autre appuiera très précisément là où vous avez mal, il fera involontairement des choses qui réveilleront vos mémoires cellulaires les plus profondes, celles que vous n'avez jamais réussi à soigner jusque-là.

La relation de couple n'a pas pour but d'être épanouie et sans remous. C'est un outil de plus dans votre kit de bricoleuse incarnée, au même titre que l'intuition, ou la loi de l'attraction, on vous fait rencontrer une âme parfaite qui résonnera avec vos souffrances et en retour vous réveillerez les siennes.

Comme un grand ballet où les scènes se suivront sur le rythme endiablé des disputes, des incompréhensions et de la tristesse, il vous faudra beaucoup de recul et de sagesse pour observer et comprendre les rôles et la distribution.

Mais alors pourquoi cette souffrance exacerbée ?

Mettons que vous ayez été élevée par des parents absents ou pas très communicatifs de leur amour. Se sont créées, à ce moment précis de votre enfance, des dizaines, des centaines de mémoires reliées au rejet, à l'abandon, à l'injustice, etc. Votre enfant intérieur s'est forgé grâce à ce modèle, il ne connaît que cela. Et il attirera ensuite dans sa vie ce qu'il vibre, c'est-à-dire le contenu de ces mémoires cellulaires non soignées.

---

1. « Homme de rêve ».

Lorsqu'il rencontrera un ou une partenaire, il aura donc attiré une personne visant à les réveiller pour pouvoir les transcender.

Mais comment les transcender ?

Vous ne sortirez guérie d'une expérience qu'en pouvant lui tourner le dos sans avoir peur de vous retourner.

Si vous vibrez le rejet, vous tomberez sur un partenaire qui involontairement vous rejettera. Il sera peut-être absent ou silencieux. Ne vous appellera pas souvent ou ne se confiera pas à vous. Son attitude, propre à lui et n'ayant aucun rapport avec l'amour qu'il vous porte, éveillera le rejet que vous vibrez inconsciemment.

Votre rôle est d'arriver à revivre l'expérience avec votre œil d'adulte : vous n'êtes pas rejetée, les autres sont parfois juste différents. Tant que vous serez dans la guerre frontale (reprocher à l'autre qu'il vous délaisse, qu'il vous rejette, qu'il ne s'occupe pas assez de vous), alors vous porterez encore et toujours les vêtements de votre enfant intérieur qui hurle désespérément à ses parents de l'aimer.

Lorsque vous porterez vos vêtements d'adulte, vous pourrez décider de reprendre le contrôle et de vivre sereinement cette expérience en modifiant votre perception de ce qui est.

Vous aurez alors deux choix :

- **rester dans la relation** en acceptant que l'autre soit ainsi et en travaillant votre blessure en axant votre travail sur la réduction de vos attentes et la tolérance de la personnalité et des besoins de l'autre ;
- **partir en vous priorisant** et en décidant qu'un partenaire comme cela ne vous convient pas, mais dans une énergie de résilience : « Nous ne sommes pas compatibles, je te souhaite le meilleur » et non pas : « T'es qu'un ***** et un ****** je vais rayer ta Golf GTI tuning ! !! »

Je vous propose un petit exercice à faire chaque fois que vous sentez que vous redevenez cet enfant souffrant. Vous allez choisir une tenue : pull ou tee-shirt, pantalon ou jupe et chaussures qui représenteront votre moi adulte.

Cette tenue doit vous inspirer la partie de vous qui est sage, apaisée, qui a du recul sur les événements. À chaque fois que vous serez dans un état second de régression, vous irez symboliquement revêtir cette tenue et vous répondrez au questionnaire suivant :

Qu'est-ce qui réveille ce comportement, qui a réveillé cette souffrance ?

Cette souffrance provient-elle de l'acte de mon compagnon ou d'une plaie qui était déjà en moi ?

Ai-je envie de prendre la responsabilité de cette souffrance au lieu de la renvoyer à quelqu'un d'autre ?

Puis-je traverser cette expérience à nouveau, mais avec sérénité ?

Est-ce que je m'accorde le droit de laisser partir cette mémoire et d'être en paix avec moi-même ?

À chaque fois que vous sombrez dans cette énergie négative, relisez ce chapitre et faites ce petit exercice.

CHAPITRE 4

Libération énergétique

S'échapper du filet

Nous voudrions toutes être aussi libres que Max, pourtant nous traînons autant de casseroles qu'un 5 étoiles au guide Michelin.

Les libérations n'ont rien de magique. Les clients achetant des medeores[2] me demandent souvent si leur bijou résoudra leur problème et s'ils se sentiront mieux ensuite. Je réponds toujours :

« Oui, très certainement, mais surtout momentanément. »

Pourquoi ?

Il faut imaginer votre être comme une source immense : vous êtes une immensité d'eau, vous pouvez être calme et pure comme vous pouvez être déchaînée et en colère.

Au fond de l'océan sont tombées toutes vos souffrances, vos douleurs. Parfois, les intempéries de la vie font que le courant remue tout cela et tout refait surface. Vous êtes alors en proie à un mal-être certain. Vous ne comprenez pas pourquoi ce tumulte vous atteint autant.

---

2. Les medeores sont des bijoux énergétiques programmés pour libérer les blocages de la mémoire cellulaire.

Alors, vous décidez durant cette période difficile de creuser et de plonger au cœur de vous-même afin d'aller nettoyer les fonds océaniques.

Cependant, vous ne pourrez et n'arriverez pas à accéder directement aux bas-fonds de votre être en une seule fois.

Et vous ne pourrez couvrir toute l'immensité de l'océan à vous seul. Chaque thérapie, soin, medeore, livre énergétique est un sas de décompression auquel vous accédez afin de mieux vous connaître, qui vous permet de mettre en lumière une partie des eaux troubles qui vous habitent.

Les premiers paliers sont libérateurs : vous plongez dans l'eau et vous comprenez que vous pouviez vous immerger alors que jusque-là, vous ne faisiez que regarder l'eau en surface.

Ensuite, une fois le sas passé, vous avez l'impression de régresser : vous voyez votre souffrance, mais elle est toujours au fond et reste floue.

Certains problèmes superficiels nécessiteront juste un petit plongeon (ou un plat du ventre) dans la piscine pour être résolus. D'autres seront tellement ancrés qu'il vous faudra plonger de nombreuses fois pour les appréhender.

L'unique chose qui compte, ce n'est pas cette libération, mais le fait d'être en marche : vous descendez en vous et vous êtes de plus en plus à l'aise avec cet état de travail sur vous. L'océan n'est plus votre ennemi, il ne vous fait plus peur. Vous êtes à l'aise avec votre état intérieur et vos problèmes se résoudront un à un, en temps et en heure.

Alors, pensez qu'à chaque thérapie que vous entreprendrez :

- vous ne pourrez pas aller plus vite que la musique, personne ne descend à 100 m sous terre sans scaphandre ni oxygène et en zlip de bain ;
- rien ne sert de courir. Ne cherchez pas à tout prix à être bien ;
- cherchez à être mieux : plus aujourd'hui qu'hier, doucement et paisiblement.

Chaque étape, aussi longue soit-elle, est nécessaire pour vous préparer au palier suivant. Faites-vous confiance, vous avancez dans la bonne direction.

Anecdote

Même si j'ai toujours baigné dans la spiritualité, car j'ai la chance d'avoir une maman énergéticienne et très portée sur ces sujets-là, j'ai eu véritablement un gros bouleversement lors d'une rupture très difficile en 2013.

Durant plusieurs mois, je suis restée dans une sorte de brouillard, je n'avais absolument aucune clé pour me relever, j'étais perdue, triste et surtout je nourrissais beaucoup d'incompréhensions et de questions sans réponses sur la fin d'une idylle qui était passée du rêve au cauchemar en l'espace de 48 heures.

À ce moment-là, l'univers me signifia qu'il fallait réagir d'une façon peu protocolaire : c'était un dimanche matin, j'étais en voiture sur les routes lyonnaises, accompagnée de ma chienne Kenya, un petit bouvier bernois qui n'avait pas plus de quelques mois à l'époque, et je m'apprêtais à rejoindre des amies pour un *lunch*. J'ai toujours eu des problèmes pour me localiser et ce jour-là ne fit pas exception, je me trompai de route bien que le GPS soit allumé. Une mauvaise intuition s'empara de ma poitrine, je savais qu'il fallait être prudente ; étant alors engagée sur une longue ligne droite de campagne, je décidai de ne pas faire un demi-tour sauvage et freinai dès que j'aperçus la première maison afin de m'engager sur le chemin privé pour faire un demi-tour en bonne et due forme.

Plusieurs véhicules arrivaient sur la file opposée, aussi je m'arrêtai, mis le clignotant à gauche et attendis prudemment que les voitures soient passées. Soudain, un bref regard dans le rétroviseur me fit comprendre que j'allais avoir un accident : une voiture familiale fonçait à pleine vitesse sur nous et la distance nous séparant se réduisait de seconde en seconde. Il était trop tard pour que je puisse faire quelque chose, je tins fort Kenya contre le dossier et je fermai les yeux.

La conductrice nous a embouties à plus de 90 km/heure.

Mon véhicule, qui se trouvait à l'arrêt, fut déporté sur plusieurs mètres et percuta un scooter qui me doublait par la droite et qui fut projeté dans un ravin.

Les pompiers arrivèrent et nous fumes envoyées en civière à l'hôpital le plus proche. Mes amis vinrent récupérer Kenya et j'écopais de 3 jours d'ITT. La fautive était une assistante maternelle qui roulait avec plusieurs enfants à bord et qui ne « m'avait pas vue ».

Cet accident tragique qui, par chance, me laissa avec des séquelles physiques moyennes, mais un gros traumatisme psychologique arriva dans ma vie à point nommé : épuisée par cette période noire, j'ai demandé ma mutation de Lyon à Toulouse. La métaphore de la voiture est très parlante ; votre voiture, c'est votre façon de conduire votre vie : où vous allez, comment, dans quel état est-elle ?

Le constat était sans appel : la voiture que je possédais était toute neuve, je l'avais achetée quelques mois auparavant en économisant chaque centime après avoir commencé ma vie d'adulte avec une Fiat Panda qui tombait en panne à chaque coin de rue.

La voiture était désormais une épave. L'épave, c'était moi, je ne mangeais plus, je ne dormais plus, j'étais dans un tel état psychologique et émotionnel terrible juste avant cet accident que j'avais attiré à moi par cette épreuve une matérialisation physique de ce qu'il se passait en moi.

La demande de mutation ayant été faite, j'avais posé mon intention dans la matière que je voulais que les choses bougent, mais parfois il y a un temps de latence entre nos demandes et la réalisation de celles-ci, aussi afin de surmonter ces traumatismes, je décidai de faire appel à un magnétiseur. Celui-ci m'aida en quelques séances à me remettre sur pied, réalignement des chakras, libération des blocages, en parallèle je me mis à lire beaucoup de livres sur le développement personnel. Beaucoup me faisaient peur ou ne relataient pas forcément ce que je ressentais, mais je sentais que quelque chose en moi s'était ouvert, qu'une porte indicible de mon être s'était ouverte et que je ne serais plus jamais la même. Je continuais à pratiquer le magnétisme, que j'avais commencé sans grande motivation quelques années auparavant, et je débutai mes recherches sur la mémoire cellulaire.

Le temps passa et six mois après, le destin vint à moi pour m'annoncer que la base de Toulouse recrutait et que par conséquent ma mutation avait été acceptée. Une nouvelle vie s'offrait à moi.

En conclusion, à l'image de cet océan qui contient des centaines de paliers de décompression, avant d'accéder aux fonds marins, vous allez plonger en vous, encore et encore, vous penserez avoir libéré des choses, et ce sera le cas ! Mais juste après, vous repartirez en quête d'un palier plus profond, vous ressentirez alors à nouveau un état de perdition et de mal-être, car vous approcherez encore de quelque chose de nouveau, et ainsi de suite. Notre vie est faite de cycles et chaque blocage nettoyé vous permet de travailler plus en profondeur afin d'appréhender la vie de façon beaucoup plus légère.

CHAPITRE 5

Liens d'âmes et vies antérieures

Quand on remange le même plat

Nous avons tous déjà ressenti un lien fort envers une autre personne, cela peut être un coup de foudre ou, au contraire, celui que vous aviez qualifié de « je le toucherais même pas avec un bâton » auprès de votre copine Babette avec qui vous avez fini par vous pacser et faire deux gamins.

La vie est imprévisible, l'attraction et les rencontres que nous faisons le sont tout autant. Il faut savoir que toutes les rencontres, même les plus insignifiantes, sont ce que l'on nomme des « contrats d'âmes » qui ont été convenus avant notre arrivée ici-bas.

Ces contrats ont pour but de nous mettre le bon coup de pied au cul dont nous avons besoin si nous n'avons pas évolué dans les temps impartis, ce qui est pratiquement toujours le cas.

Donc, vous voilà à l'orée de vos 30 ans, vous, arborant toujours des tee-shirts « célibattante » ou « Mojitos Princess » et toujours dépendante affective dès qu'une relation pointe le bout de son nez. Alors l'univers, magnanime, enclenche le projet « Bruno » et décide de mettre ce charmant jeune homme sur votre route. De son côté, Bruno aura un sérieux problème avec l'engagement, et une prédisposition à fuir dès que les choses se concrétisent. Vous allez ensemble passer de grands moments de rigolade à souffrir de cette rencontre sadique et orchestrée, mais vous finirez par travailler de gré ou de force ce pour quoi vous avez été mis en relation.

Lors de la rupture, l'erreur serait de croire que Bruno était le bon et que vous alliez finir tous deux mariés avec des enfants et un teckel argentin. La réalité est tout autre : vous étiez les deux pièces parfaitement encastrables destinées à « solutionner » votre problème commun. Une fois la clé d'évolution comprise (ou pas, car vous pouvez très bien comprendre cette clé très longtemps après la rupture, si vous ne restez focalisée que sur Bruno et ses couilles molles qui sont parties du jour au lendemain au lieu de comprendre le but de l'expérience), vous pourrez alors passer à une autre expérience ou rencontre. Chaque blocage ou blessure non pansée vous condamne inexorablement à retomber sur des « Brunos » encore et encore jusqu'à compréhension de la problématique, c'est un peu comme repasser neuf fois son permis, l'haleine fétide de l'inspectrice en moins.

Parmi ces rencontres, il y a de tout : des rencontres positives, mais courtes, des négatives, mais très longues, des relations parfaites qu'on qualifie de « grand amour », des relations destructrices, etc. Plus vous travaillerez sur vous et nettoierez les parties de vous qui sont souffrantes, et plus vous libèrerez vos contrats d'âmes afin de rencontrer une relation saine qui vous tirera vers le haut. Certaines personnes rencontrent directement leur grand amour, ces âmes-là ont décidé simplement que leur clé d'évolution ne serait pas centrée sur les relations amoureuses, elles auront leur contrat d'âmes dans le professionnel, *via* leur enfant, ou parfois en rapport avec leur santé.

Pourtant certaines rencontres nous marquent plus que d'autres, qui sont-elles ?

Dans la spiritualité, on trouve pas mal de courants et de noms attitrés pour les relations fortes entre deux âmes « âmes sœurs », « flammes jumelles », « *bashert* » ou autres. Je ne suis pas spécialement contre ces appellations, mais je ne les utilise pas particulièrement, car je les trouve réductrices, elles me donnent l'impression que cette particularité ressentie envers l'autre personne nous coupe de tout libre arbitre, comme si le destin voulait que nous souffrions obligatoirement de la relation à cause de ce lien.

Je parlerais donc au sens général de liens forts, car nous avons tous rencontré ce type de relations, elles se reconnaissent directement par l'empreinte émotionnelle, physique et énergétique qu'elles laissent en nous. La rencontre se fait dans une évidence totale, nous sommes directement à l'aise, nous nous reconnaissons tellement sur un plan plus subtil que les mots ne sont pas utiles. Malheureusement pour nous, cela ne dure pas, car ces deux âmes que nous sommes, une fois réunies, éprouvent un véritable amour profond et sincère l'une pour l'autre sur des plans plus élevés, mais sont venues ici-bas chargées de leurs blessures originelles.

Et c'est *via* cette rencontre qu'elles vont apprendre à les soigner, évidemment vous l'aurez compris, ce ne sera que très rarement dans des conditions favorables. Voilà pourquoi ces âmes se font souffrir et que le chemin pour les oublier ou s'en défaire est si long.

Je rebondis donc à ce sujet : peu importe l'intensité ou la puissance du lien que vous pensez avoir avec quelqu'un, sachez que ce qui compte et ce qu'il faut garder en tête, c'est vous ! Vous êtes la pièce centrale du jeu, vous êtes venue vous incarner pour évoluer, pas pour vivre une idylle. J'ai vu beaucoup de personnes se déchirer et se perdre pour tenter de garder leur lien d'âmes dans leur vie, parfois il faut accepter de perdre pour gagner.

Certaines méthodes vous permettent de savoir si celui ou celle dont vous êtes amoureuse est quelqu'un avec qui vous avez vécu beaucoup de vies antérieures (numérologie, médiumnité, etc.). Cela peut vous conforter dans l'idée que la personne que vous avez rencontrée est bien une âme avec qui vous cheminez depuis longtemps, mais cela ne signifiera pas que votre futur soit ensemble, bien souvent ces contrats d'âmes incluent une séparation déchirante qui vous poussera justement à révéler votre plein potentiel et votre force intérieure pour grandir.

Peut-on rencontrer plusieurs « âmes sœurs » durant une incarnation ?

Notre incarnation n'est pas quelque chose de figé, c'est un peu comme si vous décidiez de sortir voir un film, mais vous ne savez pas si vous allez choisir un film d'action, une comédie romantique ou si vous allez prendre deux ou trois *box* de pop-corn en plus de votre Magnum double chocolat.

Vous arrivez ici avec un but et des outils, votre but est d'évoluer, de vous délester de vos souffrances, d'apporter votre particularité dans ce monde, d'œuvrer pour le collectif ; pour cela, tout ce qui se trouvera ici-bas sera potentiellement là pour vous aider : des amis qui vous aideront à vous remettre d'une rupture, ou au contraire des personnes que vous pensiez être des amis et qui vous abandonneront lorsque vous en aurez le plus besoin.

Dans ces deux cas de figure, la finalité sera la même : vous apprendrez quelque chose et vous évoluerez.

Pour les rencontres amoureuses, c'est la même chose : plusieurs contrats d'âmes sont « signés » avant votre arrivée ici. Vous avez plusieurs âmes avec qui vous cheminez depuis des vies et des vies qui décideront de se prêter au jeu et qui auront les particularités nécessaires pour vous aider à faire le travail attendu.

Le scénario que l'on retrouve le plus souvent est celui de « la différence d'évolution ».

Une fois incarnée, vous allez pouvoir expérimenter « les rendez-vous ratés », vous avez fait votre part du chemin, mais l'autre avance plus lentement, dans ce cas-là, vous allez vous rencontrer, vous allez vous reconnaître instinctivement, si vous êtes intuitive, vous aurez directement énormément d'attachement parce qu'une partie de votre mémoire cellulaire se réveillera auprès de cette personne et que les souvenirs des relations vécues dans vos vies passées sont encore présents.

Malheureusement, l'autre n'aura pas encore assez avancé pour que vous puissiez vous accorder et vous n'arriverez pas à entrer dans une relation, des blocages ou des coups du sort empêcheront votre idylle de débuter ou de perdurer, cela s'apparente souvent à des choses brusques et sans appel : un décès, une mutation, une maladie, une personne déjà mariée, ou une quelconque raison qui rendra impossible l'union, malgré l'envie commune.

Vous auriez de toute façon perdu votre temps : si vous courez à 15 km/heure, vous n'avez pas besoin de quelqu'un qui marche à vos côtés. Vous pouvez alors repenser avec résilience à ces personnes ratées sans amertume : vous auriez piétiné en termes d'évolution au lieu d'avancer, rien n'est hasard, ce qui ne s'est pas fait n'était pas pour vous, gardez cela en tête. Il se peut *a contrario* que cette âme sœur soit plus évoluée que vous et qu'il y ait un trop grand écart vibratoire entre vous, cela provoque des relations où l'on ne se comprend pas, où l'on n'arrive pas à s'entendre, à s'écouter ; dans ce cas-là, rien ne sert de forcer, il faut continuer de cheminer chacun de son côté pour mieux se retrouver un jour.

Alors, comment faire pour être sûr de ne pas rater une de nos âmes sœurs ?

Avant de venir, je vous disais que tout était déjà prédéfini : aux grands tournants de votre vie, des rencontres étaient prévues, au gré de vos décisions et de votre évolution, certaines se feront et d'autres pas. Voilà pourquoi il ne sert à rien de s'inquiéter ou de regretter : à l'image des points de sauvegarde dans un jeu vidéo, votre incarnation contient plusieurs *checkpoints* où vous êtes amenée à rencontrer vos âmes sœurs. Ce sont des points de rencontre comme un point de sauvegarde dans le jeu, vous savez que vous vous rencontrerez pour voir où vous vous situez dans votre incarnation et dans votre évolution.

Si l'un des *checkpoints* est raté, il y en aura d'autres plus tard. Sachant que si vous et l'une de vos âmes sœurs avez fait le travail d'évolution chacun de votre côté, alors vous finirez par vous retrouver sur la route. Parfois, une personne « ratée » lors d'un premier *checkpoint* se retrouvera à nouveau sur votre route des années après ; si le travail a bien été fait des deux côtés, alors vous pourrez enfin vivre la relation, sinon vous continuerez chacun votre route encore une fois, et chacun avancera vers un prochain *checkpoint* afin de rencontrer une âme sœur plus alignée à son niveau vibratoire, qui pourra la faire travailler pour la faire évoluer encore et toujours. Nous ne cessons tout au long de notre vie de nous rencontrer et de nous tester.

Si vous n'arrivez pas à comprendre le travail demandé, par exemple, si vous restez dans une relation depuis des années malgré beaucoup de tristesse, alors la personne que vous auriez pu rencontrer si vous étiez célibataire continuera son évolution jusqu'au prochain *checkpoint* où une autre âme l'attendra, de votre côté vous aurez quelque temps après une autre possibilité de changer le cours de votre vie en rencontrant une nouvelle personne, si toutefois vous avez réussi à avancer dans votre problématique.

Chaque problématique non résolue perdurera jusqu'à ce que vous en compreniez le sens. Cela n'est pas une punition, mais un cheminement qui vous permettra de vous rapprocher le plus possible de qui vous êtes réellement.

Anecdote

Je me souviens d'une rencontre forte et assez drôle qui illustre parfaitement ce chapitre : lorsque j'étais hôtesse de l'air[3], une médium m'avait prédit au mois de janvier une rencontre en fin d'année, ajoutant que cette personne viendrait d'un pays chaud et que je la rencontrerais à Londres. Je souris intérieurement lorsqu'elle m'annonça cette rencontre, car je ne comptais pas du tout aller à Londres et je ne voyais pas comment cela pouvait être possible.

Quelques mois passèrent et au mois de novembre, ma compagnie aérienne de l'époque m'envoya, comme chaque année, faire mon maintien de compétences à Londres. À ce moment précis, les prédictions de la voyante étaient dans un coin de ma tête depuis fort longtemps et elles ne me traversèrent pas l'esprit.

Débute alors le premier jour de classes qui allaient durer en totalité cinq jours, je me retrouve avec une collègue, Éléonore, et nous sympathisons avec d'autres employés venus de partout en Europe. Comme à mon habitude, en fin de journée, je décide d'aller faire ma séance de sport à la salle de l'hôtel pour me vider l'esprit.

Lorsque j'arrive, une personne est déjà là, je râle, car la salle n'est pas immense et je n'aime pas être observée. Je reconnais un des garçons de ma classe, il est portugais et très musclé ; je me moque de lui intérieurement en me disant qu'il se la joue beaucoup trop.

Le soir, nous faisons le traditionnel « pot d'équipage » bien connu dans le milieu aéronautique : cela consiste à se réunir au bar de l'hôtel pour manger ou boire des verres tous ensemble. Nous retrouvons ce garçon qui s'appelle David. Comme à mon habitude, je charrie et je rigole avec tout le monde y compris lui. Plus tard, ma collègue me dit qu'il me regardait d'une drôle de façon, ce que je n'avais pas remarqué et je décide d'y faire attention le lendemain.

Les classes sont longues et pour ce troisième jour, nous sommes épuisés de devoir repasser tout notre manuel de sécurité et nos procédures de vol en anglais, et ce durant des heures. Le soir,

3. L'auteure a mené une carrière d'hôtesse de l'air durant près de dix ans avant de devenir thérapeute spécialisée en mémoire cellulaire.

nous décidons d'aller au « mall[4] » de la ville d'à côté afin de prendre l'air. David et quelques autres personnes décident de nous accompagner, et durant cette soirée je me rends compte que nous sommes nés le même jour : un 9 novembre. Nous avons une alchimie assez incroyable et instinctive. David m'avoue qu'il a un coup de cœur fort pour moi, mais qu'il est en couple, qu'il souhaite se séparer, mais qu'il ne sait pas s'il y arrivera.

Nous nous « ratons » donc à cette période. Nous reprenons chacun notre vie de notre côté en nous donnant de temps en temps quelques nouvelles.

L'été suivant, avec l'une de mes plus proches amies, nous décidons de partir en week-end en Europe ; nous n'arrivons pas à nous mettre d'accord sur une destination qu'aucune de nous deux n'aurait déjà faite, et nous finissons par choisir la ville de Porto. David habite à dix minutes du centre-ville et nous décidons de nous voir pour boire un verre. Lorsqu'il m'annonce qu'il a enfin quitté sa copine, je lui annonce que je viens de rencontrer quelqu'un et que je suis très amoureuse. Nous nous ratons donc une nouvelle fois.

Quelques mois après, le destin décide pourtant de ne pas en rester là : entretemps, David a eu un problème personnel et il ne peut plus voler depuis plusieurs mois. Il ne sait pas quand il pourra reprendre ses vols et s'il les reprendra un jour. Quant à moi, mon maintien de compétences est programmé pour la semaine du 20 novembre.

Je prends donc mon avion et pars en direction de Londres. À peine arrivée là-bas, un problème médical m'oblige à partir au St George's Hospital. Je passe plusieurs tests cliniques et une prise de sang, mais on ne trouve rien. Lorsque je retourne en classe, on m'annonce qu'ayant raté la première journée de cours, je vais devoir rentrer chez moi et revenir pour une prochaine session. Je ne suis de toute façon pas en forme, je prends donc un avion le soir même en direction de Toulouse.

Une semaine après, je suis de nouveau appelée pour repartir à Londres, je recommence une nouvelle semaine de formation, en arrivant je découvre sur le planning de la classe que David en fait partie, il avait eu miraculeusement le droit de reprendre les

4. Centre commercial londonien.

vols et avait été placé sur MA session de cours, sachant qu'il y avait une nouvelle session par jour quasiment chaque jour de l'année.

Lorsque le destin décide de nous réunir, nous avons le choix de ne pas nous diriger vers cette direction, mais l'univers, lui, persiste tant qu'il pense que c'est ce que nous devons expérimenter.

J'étais toujours en couple et nous n'avons jamais pu être ensemble, mais je sais qu'il fait partie des âmes que je devais rencontrer sur mon chemin, et que nous sommes unis par un lien fort.

Si vous avez rencontré une ou plusieurs de vos âmes sœurs, vous savez.

Ces relations sont ancrées en vous et vous gardez toujours un soupçon de nostalgie et d'affection pour elles, car ce sont des âmes qui vous aimaient profondément de manière spirituelle, bien au-delà de l'amour charnel que nous expérimentons sur Terre. Parfois, il peut être difficile de vous en séparer, et vous serez tentée de recontacter ces personnes tout au long de votre vie, car elles vous apportent l'aisance et l'évidence qui vous sécurisent lorsque des rencontres nouvelles vous laissent de marbre.

Parfois, vous pourrez vous retrouver des années après et faire fonctionner la relation, car vous aurez chacun trouvé les clés des serrures des liens qui vous empêchaient d'être ensemble, mais la plupart du temps, votre destin est devant vous, une autre personne vous attend à votre prochain *checkpoint*, et vous continuez, car la route est pleine de belles surprises.

CHAPITRE 6

La non-évolution

Refuser de payer la note

Aussi basique que cela puisse paraître, vous êtes venue ici pour évoluer, mais parfois vous n'en avez pas trop trop envie. Un peu comme quand vous vous motivez à aller au sport, et vous finissez par rester avachie sur le tapis à abdominaux en racontant à votre copine Claire comment vous avez recadré le RH ce matin à la réunion budgétaire du dossier Kleber.

Sauf que, malheureusement pour nous, quand on est en état de refus d'évolution, que ce soit par épuisement général ou par entêtement, nous évoluons quand même... par la force !

C'est comme cela que vous allez attirer pour la trente-quatrième fois un mec qui sent des aisselles, ou bien un autre qui vous insultera ou qui vous prendra pour une femme de ménage et trouvera cela tout à fait normal.

Lasse de tous ces échecs et de ces rencontres malheureuses, vous penserez que vous n'êtes juste pas faite pour l'amour, alors qu'en réalité vous êtes juste dans une impasse. L'impasse se trouve dans votre incapacité inconsciente à reconnaître ce qui est bon pour vous, ce que vous méritez, et ce que vous devez laisser partir.

Parfois, vous comprendrez le message et la clé de libération du premier coup, et parfois la vie vous amènera inlassablement les mêmes épreuves sous des masques différents jusqu'à ce que vous compreniez que vous faites fausse route.

Ce qui peut vous permettre de conscientiser une impasse karmique est une situation qui se répète régulièrement, mais qui est subtilement assez différente pour qu'au début, vous ne vous en rendiez pas compte :

- **Vous êtes maltraitée au lycée par des camarades.**
- **Vous êtes agressée dans la rue par un voleur.**
- **Vous êtes rabaissée et humiliée par votre patron, etc.**

Toutes ces épreuves ont comme point commun la blessure de désamour de soi, on vous demande de travailler sur votre valeur, sur l'affirmation de soi. Et comme par magie, le jour où vous comprendrez cela et où vous ferez bouger les choses, ces « situations » n'arriveront plus dans votre vie.

Il est bien évidemment difficile d'arriver à prendre du recul sur son propre chemin de vie, mais cette introspection vous permettra de recouper les fils rouges des épreuves passées afin de voir si des choses sont encore à travailler ou pas. Lorsqu'un cycle se termine, vous le savez, car vous n'attirez plus du tout les situations ni les personnes relatives à la blessure que vous aviez.

Ces situations miroirs peuvent prendre plusieurs apparences similaires, par exemple, vous ne tombez que sur des hommes mariés, des hommes violents, des infidèles, des hommes vivant loin de chez vous, etc. Vous pouvez constater que vous êtes sortie d'un cycle quand vous n'attirez plus du tout ces profils-là.

CHAPITRE 7

La cage, l'oiseau et la clé

L'expérience forme le goût

Notre souffrance n'est pas quelque chose d'irréel, elle est bien là, mais elle est aussi malléable que notre ventre après un hiver raclette-tartiflette : vous pouvez vous en dissocier, l'augmenter, voire la faire disparaître.

Vous êtes l'oiseau, et vous possédez et la cage et la clé. Dans votre processus d'évolution, ce qui compte ce n'est pas de comprendre, mais de FAIRE CONFIANCE, vous avancez toujours dans la bonne direction, il faut parfois accepter de laisser partir les choses sans s'y accrocher juste parce que l'univers prévoit quelque chose de bien plus grand pour vous ensuite.

Lorsque l'on dit à un enfant de ne pas s'approcher du feu, on lui demande de comprendre qu'il y a un danger, on aimerait le lui faire éviter et on lui demande avant tout de faire confiance à notre avis avisé, parfois on interfère et on les protège de ce qu'ils auraient envie de faire pour leur bien-être. La force qui nous guide ici-bas agit en bon père de famille envers nous : nous sommes éloignées de ce qui nous fait du mal ou ne nous convient pas, souvent nous voulons tellement nous approcher du feu qu'il nous laisse alors nous brûler pour que nous comprenions plus rapidement ce qui est bon pour nous.

La souffrance indique que vous vivez un conflit interne. Ce conflit n'a rien à voir avec l'extérieur : il ne prend la forme ni d'un mec, ni d'un boulot, ni du pognon. Tout ce que vous ressentez vous appartient et vous renvoie à un problème intérieur.

J'ai écrit un petit conte qui illustre ma pensée et qui parlera à votre enfant intérieur sur des plans inconscients, lisez-le, relisez-le et intégrez cette idée que vous êtes maître de votre ressenti.

> *« Il était une fois un jeune sultan qui fit une chute de son tapis volant et qui atterrit sur les cordages reliant les hauts immeubles de la ville.*
>
> *Il tenait la corde sur laquelle il était suspendu depuis de longues minutes lorsqu'il se mit à pleurer de désespoir. Il était si haut, il avait peur de tomber. Il décida de supplier l'univers de l'aider et de le sortir de là.*
>
> *Au bout de quelques minutes, un génie apparut, l'espoir revint en lui, il lâcha une de ses mains pour essuyer la sueur et libérer la tension de son bras puis fit de même avec l'autre côté.*
>
> *– Génie, lui dit-il ! Es-tu venu me sauver ?*
>
> *– Bien sûr que non, jeune sultan. Personne ne peut sauver personne ! Mais je peux t'accorder un vœu.*
>
> *– Je voudrais ne plus souffrir et sortir de cette situation horrible, mes bras me font mal et je ne vais pas tarder à lâcher.*
>
> *– J'ai bien noté ta demande. Sois patient ! Et il disparut.*
>
> *Le jeune sultan attendit de longues minutes après la discussion qu'il avait eue avec le génie, mais aucun tapis volant ne vint l'aider ni aucun habitant de la ville. Il commença à s'inquiéter.*
>
> *– Génie ! Génie !! Pourquoi suis-je encore accroché à cette corde ? Je souffre terriblement, sors-moi de là, s'il te plaît !*
>
> *Le génie apparut et lui dit :*
>
> *– Si tu veux être sauvé tu n'as qu'à lâcher la corde.*
>
> *– Mais je vais tomber si je fais ça !*
>
> *– Fais-moi confiance. Tout ce que tu as à faire est de lâcher la corde. Le reste suivra, tu verras.*
>
> *Le sultan n'avait aucune confiance en le génie. Il ne lui apportait pas la solution qu'il espérait. Désormais, il ne tenait plus la corde que d'une main et ses épaules lui faisaient très mal. Il rassembla les forces qu'il lui restait et appela à l'aide.*
>
> *Personne ne répondit.*

Il réfléchit ensuite à une technique qui pourrait lui permettre de rester sur la corde en souffrant moins. Il essaya de balancer ses pieds, mais il n'avait plus de force et ne fit que s'épuiser davantage.

– Génie !!! Génie !!!

– Oui ?

– Si je lâche, comment être sûr de ne pas tomber ?

– Si tu lâches, jeune sultan, tu tomberas forcément, mais ne t'inquiète pas, tout se passera bien.

Le sultan était accroché depuis plusieurs heures et à bout de force, lorsqu'il appela une dernière fois le génie.

– Génie...

– Oui ?

– Je suis d'accord. Je vais lâcher, vérifie que tout soit bon s'il te plaît.

– Tout est bon, répondit-il, tu peux lâcher.

Le sultan lâcha la corde et plongea dans le vide, il traversa plusieurs tissus qui étaient étendus sur des cordages plus bas qui ralentirent sa chute puis reprit de la vitesse. Le sol devenait enfin visible, il regardait, affolé, autour de lui où se trouvait le génie lorsqu'il heurta le sol de plein fouet.

Il hurla de douleur en se tenant la jambe et le poignet qui avaient encaissé le choc. Tous les habitants s'aperçurent de sa présence et il fut rapidement transporté à l'hôpital. Furieux, il appela le génie qui ne se manifesta pas.

Au bout d'un mois, il pouvait enfin remarcher et réutiliser son poignet de façon plus autonome. Il marchait dans la rue lorsque le génie apparut.

– Oh toi ! lui cria-t-il en le pointant du doigt, comment as-tu pu me faire ça ?

– Mais j'ai exaucé ton souhait jeune sultan, tu ne voulais plus souffrir et tu voulais sortir de cette situation !

– Mais je ne voulais pas faire une chute pareille ! Regarde ce que j'ai fait à ma jambe !

– Parfois, certaines situations n'ont que deux options possibles : rester dans la souffrance et s'accrocher à la corde ou se laisser tomber dans le vide, se faire mal et se reconstruire. Bien souvent, la douleur de la chute ne dure pas, le corps et l'esprit sont ainsi faits : quand quelque chose se brise, il répare et reconsolide ensuite

encore plus fort ce qui a été cassé. Si tu n'avais pas choisi de lâcher, tu serais encore là-haut à souffrir, à te sentir seul et impuissant. La pire chose que tu puisses faire dans ta vie est de rester accroché à cette corde, car quoi que tu fasses, si tu es dans une situation où tu es accroché dans le vide à une corde, tu souffriras. Tu as le choix de la durée de cette souffrance, elle ne dépend que de toi.

Le sultan comprit la belle leçon de vie que le génie venait de lui inculquer : certaines souffrances seront inévitables sur notre chemin, mais nous seuls pouvons choisir leur durée. »

CHAPITRE 8

Compatibilité

Ne pas se tromper de restau ?

Si vous tenez ce livre entre les mains, vous faites certainement partie des 99 % de la population qui sont passés d'une relation « de merde » à des relations « ennuyeuses », voire « chaotiques » ou bien « douloureuses ».

Votre panel d'ex ressemble au *wall of shame*[5] et vous n'avez aucune idée du pourquoi ça ne marche JAMAIS.

Avez-vous déjà essayé de planter des fleurs dans de la mauvaise terre ? Vous aurez beau vous lever tous les matins à l'aube pour les arroser afin qu'elles ne soient pas desséchées par le soleil, vous aurez beau aller vérifier plusieurs fois par jour leur état ou leurs besoins, il y a de fortes chances que cela ne prenne pas.

Si vous n'avez pas le bon terreau, vous n'aurez pas de belles fleurs. Alors, avant de vous demander ce qui cloche chez vous en amour, demandez-vous si vous avez déjà au moins une fois rencontré un partenaire aussi, voire plus engagé dans la relation que vous ? Quelqu'un qui vous ferait passer en priorité même s'il est occupé, quelqu'un qui chercherait à vous connaître profondément et non pas dans les grandes lignes de votre vie, quelqu'un qui voudrait vous surprendre, vous garder, vous épater ? Quelqu'un qui se battrait pour cette relation et ne la prendrait pas pour acquise.

5. « Mur de la honte » : cette expression indique le bilan de toutes les rencontres amoureuses honteuses que nous avons faites dans notre vie.

Car cette attitude, c'est la vôtre, alors pourquoi ne pas attendre la même chose en retour ? À force d'être habituée à donner toujours plus que l'autre, on finit par trouver cela normal ; ou penser que nous en faisons trop, mais la vraie définition du couple, c'est cela : deux personnes qui ont conscience qu'elles possèdent un trésor devant leurs yeux et qui font tout pour le conserver.

Si vous n'aviez pas le bon terreau, alors vous n'étiez pas en train de construire une relation de couple, mais plutôt en train de faire un cheminement qui vous aura fait comprendre que vous méritez mieux que cela, que vos croyances ou énergies étaient erronées, et ce mauvais terreau ne vous avertissait pas que vous étiez quelqu'un qui ne pouvait être aimé ou choyé, mais plutôt que vous cherchiez à planter vos fleurs au mauvais endroit jusque-là.

Et puis un jour, vous plantez des graines quelque part et vous ne vous en souciez plus et elles deviennent une magnifique roseraie, tout est fluide, les choses sont et se font et vous pouvez enfin respirer l'odeur des fleurs tout en savourant l'ÉVIDENCE.

Anecdote

J'ai une affection particulière pour l'histoire d'amour de mes grands-parents maternels, tous deux sourds et muets, que le destin mit à rude épreuve. Ma grand-mère avait tout juste 20 ans lorsqu'elle s'inscrivit dans une association pour personnes malentendantes, nous étions à la fin des années 1940 et son père, mon arrière-grand-père, l'y accompagna. Elle rencontra alors mon grand-père, Antoine, qui avait dix ans de plus. Instinctivement, leurs deux âmes se reconnurent dans la foule et mon grand-père voulut apprendre à la connaître. Ce fut sans compter la présence de mon arrière-grand-père très protecteur qui lui interdit de revoir ma grand-mère, supposant que celui-ci était beaucoup trop vieux pour elle.

La vie reprit son cours et par un heureux hasard, ma grand-mère retomba un jour sur mon grand-père... dix ans plus tard. Cette fois-ci, rien ne put se mettre entre eux deux, ils se marièrent et eurent trois enfants, et finirent leur vie ensemble.

Parfois, les relations ne marchent pas parce que vous n'avez pas trouvé la bonne personne, faites confiance à votre destin, il conspire toujours à votre bonheur.

CHAPITRE 9

Relations et brouille mentale

Ne pas réussir à choisir son menu

Vous savez quel est le plus gros risque que vous prenez en entrant dans une relation amoureuse ? Ce n'est ni perdre l'autre, ni prendre 15 kilos parce que vous passez votre temps à manger des tablettes Milka en amoureux devant Netflix, non, le plus gros danger est de perdre la connexion que vous avez avec vous-même.

Souvent, cela commence par une perte d'identité légère, on arrête une activité qui nous plaisait, on se cale sur l'autre, on finit presque par penser comme l'autre.

L'autre possibilité est lorsque l'on commence à avoir des doutes sur la façon dont il nous traite, sur ce qu'il peut nous cacher ou sur n'importe quel sentiment qui nous mettrait la boule au ventre et que, malgré tout, l'on ne s'écoute pas.

Tout ceci est insidieux et rebondit sur notre manque de confiance en nous, mais un adage très juste dit : « Quand il y a un doute, c'est qu'il n'y a pas de doute. »

Ne pas s'écouter est très humain, on SENT que quelque chose ne va pas en face de nous, mais parfois nous n'avons pas envie d'y croire, alors dans cette guerre de loyauté intérieure, nous allons préférer sauver l'autre plutôt que nous, et débute alors un clivage interne qui finira par vous détruire. Désormais, vous avez décidé que l'amour que vous portez à l'autre est plus important que vos alertes intérieures, alors, dès qu'elles se réveilleront, vous les étoufferez, à grands coups de déni et d'inaction. Commencera alors la guerre froide entre votre cœur « Attention quelque chose ne va pas » et votre mental « Tu vas bientôt la fermer ta gueule ? » : tout ceci se passera à longueur de journée dans votre tête et vous épuisera fortement.

Lorsque vous arriverez au bout de cette situation – car croyez-moi, votre intuition ne vous ment jamais, et si alerte il y a, alors vous finirez par devoir vous rendre à l'évidence que vous aviez senti que quelque chose ne tournait pas rond – vous aurez du mal à ne pas contenir une certaine colère.

Pourquoi la colère est-elle présente dans ces situations ? Tout simplement parce que la colère est une émotion qui semble être tournée vers l'autre, alors qu'elle est en réalité tournée vers soi : on s'en veut d'avoir senti, d'avoir su et de ne pas avoir agi.

Quand c'est le cas, vous savez désormais qu'il vous sera plus facile de calmer cette colère et d'apaiser votre déception en ACCEPTANT solennellement le fait que vous n'étiez pas prêt à perdre l'autre et que vous avez fait un choix même inconscient sur le moment. Cela apportera une pierre à votre édifice d'amour de soi afin qu'à l'avenir vous partiez dès les premiers signaux d'alerte. La vie est un jeu et vous n'aurez pas qu'un jeté de dés pour vous entraîner, soyez tolérante, un jour vous partirez sans vous retourner dès que quelque chose ne vous paraîtra pas acceptable.

Anecdote

Si vous avez lu mon premier ouvrage *Karma bitch*[6], vous n'êtes pas sans savoir que j'ai eu des relations amoureuses avec des pervers narcissiques, alors en termes de brouille mentale j'en connais un rayon. Une chose étonnante et pourtant très logique s'est alors matérialisée lors d'une rupture. Je venais de prendre rendez-vous chez une psychologue pour traiter des comportements agressifs chez moi… et qui avait fini par me dire que le problème ne venait pas de moi, mais que je vivais simplement sous le même toit qu'un pervers narcissique. Quelques jours après cette séance, tout s'éclaira, je quittai cette personne pour commencer un long chemin de reconstruction personnelle.

Ce genre de relation vous retire toute forme de pensée personnelle, vous êtes formatée et vous perdez toute notion de pouvoir personnel. Donc, après un an de lobotomisation, j'étais rincée.

Durant les jours qui suivirent cette rupture, je dus « supporter » sa présence encore chez moi puisqu'il devait trouver un appartement, puis il finit enfin par partir, mais je n'arrivais jamais à être sereine, je ne me sentais plus chez moi « chez moi ». Quinze jours après son départ, je réalisai avec effroi que j'avais perdu absolument tous mes papiers : passeport, carte d'identité, permis de conduire ! Mon identité était réellement bien « perdue ».

J'habitais dans une grande ville, donc je me rendis directement à la préfecture pour les faire refaire : le délai était d'un mois, je ne pouvais pas me permettre d'attendre aussi longtemps, car mon métier[7] me demandait obligatoirement de posséder un papier d'identité sur moi à chaque vol.

Je n'étais pas au bout de mes peines, car je me rendis aussi compte que mon badge d'hôtesse que je devais renouveler tous les cinq ans arrivait à échéance quelques jours après, alors que ce badge nécessitait plusieurs semaines de délai pour être renouvelé.

6. *Karma bitch. Vous pouvez prendre en main votre destin !*, Le Courrier du Livre, 2019.

7. Les personnels navigants doivent impérativement avoir leurs papiers d'identité sur eux durant le vol, sous peine d'être interdits d'embarquement par le commandant de bord.

J'étais anéantie, ma situation personnelle était catastrophique, je n'étais plus que l'ombre de moi-même, et je me retrouvais dans cette situation délirante. L'univers m'envoya cependant un petit clin d'œil, car en appelant la mairie de mon village natal, je pus avoir tous mes papiers refaits en moins de 48 heures. On me signifiait par-là que ma reconstruction devrait passer par un retour aux sources, à celle que j'étais avant, et de là où je venais.

Cela était d'autant plus vrai que moins de trois ans plus tard, une nouvelle épreuve bien plus difficile s'abattit sur moi, je fus dans l'obligation de quitter mon métier d'hôtesse et je rentrai dans ma région d'origine afin de trouver du réconfort et de l'aide auprès de mes proches. Ce tournant décisif m'obligea indirectement à faire de mes années de recherche sur la mémoire cellulaire un vrai travail qui m'ouvrit les portes des plus belles années de réalisation personnelle jamais vécues.

Tout ce qui se passe dans l'invisible s'imprime dans la matière. Ce genre d'événement vous aide à voir dans le concret ce qu'il se passe en vous, observez et vous verrez que beaucoup de situations prendront sens.

CHAPITRE 10

Les disputes

Quand on fait voler le service en porcelaine

Lorsque vous entrez en dispute avec quelqu'un, vous entrez inconsciemment dans une guerre énergétique. Posez vos sabres laser, car tout ceci se passe sur des plans bien plus puissants et bien plus inconscients que vous ne le pensez.

Une fois la dispute terminée, vous allez passer à autre chose, mais au fond de vous, l'émotion est là comme un petit rat noir qui va rôder dans tous vos corps énergétique, émotionnel, physique et mental.

Il va traverser tous les canaux tel un rat d'égout et il va poser des souillures un peu partout ; cette émotion, tant qu'elle ne sera pas maîtrisée, alimentera la guerre qui est en place de part et d'autre des deux personnes en dispute.

Qu'est-ce que cela signifie ?

Cela signifie qu'inconsciemment un tube énergétique vous relie à la personne avec qui vous êtes en guerre, vous envoyez plein de tirs de bazooka et de rafales de mitraillette : le poison émotionnel se diffusera en continu tant que vous n'aurez pas apaisé la situation ou les émotions.

Si la situation ne peut pas être apaisée, car la dispute a été trop prononcée ou le problème trop grave, il ne tient qu'à vous de nettoyer l'émotion et de faire partir cette mémoire de votre tout-à-l'égout.

Une émotion parasite peut être neutralisée tout d'abord :

1. En la conscientisant

Plongez au cœur de vous-même et mettez des mots sur les émotions. Est-ce de la colère ? de la haine ? Notez tout ce qui vous passe par la tête, notez vos ressentis afin de les extérioriser, à partir du moment où vous sortez les émotions de votre mental, elles ne tournent plus en boucle à vouloir trouver une porte de sortie.

2. En décidant en conscience de ne plus vouloir rester dans cette guerre

En acceptant que cette émotion ne pourra pas vous aider et ne fera qu'abaisser votre jauge énergétique et émotionnelle, vous décidez en conscience de ne plus accorder d'intérêt et d'énergie à ce problème, vous prenez donc une décision et vous passez donc à l'action. Cela signifie qu'à chaque fois que vous allez repartir dans des travers d'émotions de colère, de haine ou autre, vous allez vous-même vous recadrer en décidant que cela ne vaut pas la peine et que vous ne voulez pas être dans cette énergie : cela s'appelle conscientiser et canaliser son tumulte intérieur.

3. En vous nettoyant énergétiquement

Afin de repartir sur quelque chose de neutre, il faudra vous nettoyer énergétiquement. Je vous conseille de faire l'exercice de la douche énergétique[8], et de purifier votre intérieur à la sauge afin de laisser partir les énergies néfastes.

Gardez en tête que, lors d'un conflit, vous pouvez décider de ne plus côtoyer une personne, mais ne restez pas prisonnière de son sillage en retenant les émotions négatives la concernant. Décidez en conscience de vous libérer afin d'avancer sereinement.

8. *Karma Bitch. Vous pouvez prendre en main votre destin !*, chapitre 27.

CHAPITRE 11

Tromperie et trahison

Deux services pour la même table

Ce sujet est très délicat, car si vous êtes actuellement en couple, vous n'aurez aucune empathie pour la maîtresse de votre mari qui vous aura tellement affublé de cornes que vous ressemblez au cerf du bois de Quat'sous. Et pourtant, en comprendre la dynamique peut vous permettre de pardonner la tromperie et de rechercher la clé d'évolution qui se cache derrière.

Dans ce cas de figure, nous avons deux axes à traiter : la position de la maîtresse et celle de la femme trompée.

« Mel, assieds-toi faut qu'je te parle, j'ai passé ma journée dans l'noir. »[9]

Si vous êtes du côté du schéma « maîtresse d'hommes mariés ».
Tout d'abord, allons chercher les raisons qui font qu'une jeune fille de bonne famille comme vous irait batifoler avec un glandu qui vous offre la nuitée à l'hôtel Formule 1, tel un grand prince pour égayer sa vie monotone (petit déj' en supplément et chiottes sur le palier).

9. « Confessions nocturnes (feat. Vitaa) », Diam's, Hostile/EMI, 2006.

Même si cela peut paraître difficile à croire, aucune femme au monde ne veut ça, lorsque vous en arrivez à cette situation pathétique, autant pour l'homme qui trompe que pour la maîtresse qui encourage cela, c'est que de gros blocages cellulaires et inconscients tirent les ficelles.

Une femme qui accepte de prendre le rôle de la maîtresse est une femme qui pense ne pas mériter le rôle de la *number 1*. C'est quelqu'un qui a de telles vibrations basses et entaillées dans sa confiance en elle qu'elle autosabotera toutes les relations « normales » et n'attirera que des hommes mariés, ou pas clairs, ou qui « viennent-de se-séparer-mais-pas-vraiment ». En clair, elle aura beau consciemment vouloir le mari, la Volvo et les deux têtes à claques blondes, elle ne récoltera que les 5 à 7 au sortir du bureau et le téléphone en mode silencieux durant les vacances scolaires.

Cette énergie douloureuse de « non-mérite » vous fera alors entrer dans un cercle vicieux terrible : vous avez une estime de vous proche du néant, vous rencontrez un homme qui enfin vous accorde de l'intérêt, cela vous donne le sentiment d'être considérée et aimée, alors malgré vos principes et vos valeurs, vous tombez dans la théorie du pompier pyromane : vous apaiserez ce sentiment de ne valoir rien et d'être non aimable par ces furtifs rendez-vous, qui, une fois terminés, rallumeront l'incendie d'autant plus, vous deviendrez donc accro à la relation cachée, car ce sera en quelque sorte votre unique façon de vous procurer votre « dose » d'amour et de valorisation. Cela aura pour effet de faire chuter vos vibrations d'autant plus et vous enfoncera par l'effet de loi de l'attraction dans des relations qui s'enchaînent et se ressemblent.

Alors, comment sortir de cette situation, lorsque vous y êtes aussi enfoncée que votre fessier un dimanche aprèm sur le canapé relax de votre mamie Jannie ?

La clé de sortie est déjà de conscientiser les jeux de rôles qui se déroulent devant vous : vous êtes avec le Leonardo DiCaprio du pauvre et vous êtes la Kate Winslet qui se noie à la fin, rien ne va dans ce film, croyez-moi, même Céline Dion s'est déjà jetée à l'eau.

Vous avez attiré à vous un homme pris, qui ne s'intéresse pas vraiment à vous, sinon il serait avec vous et seulement avec vous ; de plus, les mensonges et la culpabilité que cela engendre font que votre relation est déjà bien trop merdique pour être envisagée sur du long terme, soyez mignonne, levez la tête, resservez-vous une bonne dose de dignité et décidez dès à présent que vous valez mieux que ça : vous méritez une personne qui ne voit que par vous et que pour vous.

En travaillant votre VALEUR, vous allez automatiquement lâcher des croyances et des mémoires qui ne vous servent plus. Par exemple, si enfant vous aviez pris l'habitude de jeter des papiers par terre, et qu'en grandissant vous avez compris que cela n'était une attitude ni positive, ni à encourager, vous allez modifier votre façon de faire et de penser. Plus tard, vous ne serez même pas triste ou contrariée de ne plus pouvoir jeter vos papiers dans la rue, vous ne vous en rendrez même plus compte, pour la simple et bonne raison que lorsque l'on a CONSCIENTISÉ profondément un problème, on active des millions de connexions dans notre cerveau qui vont tout faire pour « solutionner » et régler celui-ci. Cela pourra peut-être prendre quelques semaines, mois ou années, mais une fois que vous SAVEZ, vous êtes alors en marche vers le renouveau et vous trouverez tôt ou tard la porte de sortie.

Si vous êtes du côté de la femme trompée.

Quid de madame qui est heureuse en ménage même si parfois le quotidien n'est plus aussi hollywoodien qu'à ses débuts ? Elle a vu sa vie passer des chemises/costards aux jogging troués (pour ne pas parler des caleçons) et elle apprend un beau jour que monsieur s'en est allé s'acoquiner en week-end avec l'argent du PEL des gosses.

Je vous concède qu'il y a de quoi rétablir l'ouverture de la chasse même en basse saison.

La trahison est un sentiment terrible, car offrir sa confiance à quelqu'un est encore plus précieux que de lui offrir son amour. L'amour peut être donné, rendu, perdu, on s'en accommode, car cela relève de la tristesse et des aléas de la vie, mais lorsque la confiance est abîmée ou brisée, c'est une sensation extrême de douleur qui se réveille, mêlant colère, ressentiment, voire même haine.

Pour arriver à prendre de la hauteur, car c'est cela qui vous permettra de passer outre cette épreuve, il vous faudra reconsidérer de façon spirituelle vos rôles : vous êtes deux âmes venues se faire mutuellement évoluer, qui ont chacune leurs blessures et leurs parades de protection.

Attendez, quoi ? Stop ! Parades de quoi ?

Nous y voilà ! La parade de protection ne fait pas allusion à un protège-slip, mais bien à vos mécanismes intérieurs de défense face à la souffrance, par exemple, moi si je vais bien, je mange, et si je vais mal... je mange aussi ! Demandez-moi de lâcher cette mauvaise habitude quand ça ne va pas et vous me retrouverez à minuit en train de manger des gnocchis crus en cachette dans la cuisine. Ce n'est tout simplement pas possible. De la même façon que celui qui fume n'arrivera pas à stopper la cigarette dans les grands moments de stress.

Alors, quel rapport avec notre infidèle ? Les hommes (désolée messieurs, si vous me lisez) ont une parade de protection assez commune qui s'appelle la fuite. Ce que nous appelons de notre côté un manque cruel de testicules est plutôt considéré par eux comme une façon d'éviter un problème qui fait chier et dont on se passerait bien.

Si votre mari traîne depuis des mois, voire parfois des années, des problèmes dont il ne vous fait pas part, que cela soit en rapport avec vous ou pas et que cela commence à devenir ingérable, alors la parade de fuite est de saboter ce qu'il a. Cette façon de tout foutre en l'air est un appel à l'aide, car il n'arrive pas tout seul à traiter cette situation. Attention, je ne cautionne pas l'infidélité, mais la condamner équivaudrait à engueuler une personne en centre d'amaigrissement en lui disant qu'elle ne fait aucun effort et qu'elle ne veut pas maigrir. Certains schémas sont tellement ancrés (famille d'hommes fuyants depuis des générations, par exemple) que même avec une bonne volonté, vous retombez dans ce schéma sans réelles solutions pour en sortir.

Si vous êtes la personne qui a été trompée, il vous faudra bien évidemment beaucoup de recul et de compassion pour pouvoir voir les choses de cet œil-là, mais si vous décidez en votre âme et conscience que votre partenaire est celui que vous aimez et avec qui vous souhaitez rester malgré tout, alors il serait préférable d'appréhender les choses sous cet angle afin de donner une seconde chance à votre couple de repartir de l'avant.

Je ne parle pas ici des infidèles chroniques qui sont encore dans une autre catégorie.

Qui que vous soyez dans ce trio infernal, le pardon sera votre porte de sortie, pardonnez-vous de ne pas vous être assez aimée au point d'aller le coq d'une autre dans un poulailler si vous avez été maîtresse, pardonnez-vous d'être allé grailler dans une autre porcherie que la vôtre si vous avez fauté, et enfin pardonnez votre partenaire de n'avoir su et pu faire autrement si vous avez été trahie. Chaque personnage de ce jeu de rôle a une clé de compréhension à intégrer, ne ruminez pas les choses passées et concentrez-vous sur votre future vie, celle où vous serez délestée de ces mémoires qui vous faisaient souffrir et vous empêchaient d'avancer.

Une autre clé d'apaisement possible est de parler avec l'autre femme, en démystifiant les rôles et les projections que vous avez pu faire sur celle pour qui vous nourrissez beaucoup de haine. Vous arriverez à apaiser vos émotions en mettant des mots sur la situation, sur la complexité des liens et des faits. Voir l'autre non pas comme un ennemi, mais comme une âme en peine perdue et humaine peut vous aider dans votre cheminement de pardon et de paix.

CHAPITRE 12

Self-esteem

L'amour de soi au menu

Si vous venez de vous séparer, vous avez certainement pris un *high-kick* magistral dans votre confiance en vous : vous ne savez plus si vous êtes capable de plaire, vous doutez de ce qui a fait que l'autre se soit lassé, ou soit parti, ou même de votre capacité à plaire à nouveau à quelqu'un sur le marché du célibat.

Cette étape est cruciale : vos vibrations concernant votre image et votre confiance en vous sont équivalentes à la vitesse de la lumière lorsque vous entrez dans une pièce, vous aurez beau avoir mis votre plus belle combi-salopette à paillettes et fait votre brushing, si vos vibrations hurlent « MOCHE AU CUL FLASQUE ! », croyez-moi, peu de têtes vont se retourner et vous qui vous sentiez si canon une minute avant devant le miroir, allez vite avoir l'impression que votre *wavy* ressemble à la permanente de Rocky, le caniche de votre mémé.

Cette fameuse vibration entre et se répercute absolument partout dans la pièce : personne ou objet. Il y aura alors un effet d'ATTIRANCE/RÉPULSION pour chaque personne présente ce soir-là. Certaines personnes à qui vous auriez pu potentiellement plaire peuvent tout simplement, de façon totalement énergétiquement inconsciente, vous jeter dans la boîte mail « indésirables » juste à cause de cette vibration que vous leur avez envoyée à votre insu.

On observe ce type de comportement lorsque, par exemple, un homme qui ne vous attirait pas trouve une copine : soudainement, sa vibration change et on commence à regretter de ne pas l'avoir voulu : BINGO ! Vous avez saisi la puissance de la vibration du soi.

Alors maintenant que vous savez que vous pouvez coller des claques énergétiques de beauté à tous les hommes de France et de Paname, comment faire ?

La recette n'est pas miracle, mais il va falloir travailler l'amour de soi, le respect de soi, l'admiration de soi, en gros tout ce que vous souhaitez que l'autre voie chez vous, vous allez devoir le voir en premier lieu.

« Quiconque n'a trouvé l'Amérique ne peut guider les régates. »

Stéphanie Abellan
(qui sait, cette phrase sera peut-être un jour épinglée sur Google)

Je conseille souvent les bijoux medeores[10] du soin « Queen B » à mes clientes, du nom de la chanteuse Beyoncé : ce soin incarne la « féminitude » et la confiance en soi par excellence. Tout est une question d'attitude, le physique est secondaire. Personne au monde ne pourra vous faire douter de votre beauté, de votre intelligence et de votre charisme si vous ne le remettez jamais en question. Si, lorsque vous vous regardez dans le miroir, vous vous trouvez aussi fade qu'un *virgin* mojito, c'est que vous devez travailler l'amour de soi en priorité, en revanche si vous vous trouvez super belle et que vous êtes à l'aise dans votre corps avec votre physique lorsque vous vous regardez, mais que tout cela s'effondre en un claquement de doigts dès que les regards extérieurs se posent sur vous, vous devez travailler la confiance en soi et l'affirmation de soi.

Je vous propose sur la page suivante un petit exercice qui vous aidera à retrouver votre valeur et votre confiance en vous. Attention, cet exercice ne sera pas fait par vous, ne lisez pas les consignes qui suivent et faites-les simplement passer aux proches qui veulent jouer le jeu, ceux qui vous connaissent le mieux et en qui vous avez confiance.

---

10. Les bijoux medeores sont des bijoux énergétiques programmés pour libérer les blocages de la mémoire cellulaire.

EXERCICE

Confiance en soi et revalorisation :

« Si tu pouvais voir ce que je vois »

Chers proches,

Si vous tenez entre les mains ce livre, c'est que vous avez eu la gentillesse de vous prêter au jeu de l'exercice de confiance en soi et de revalorisation de la personne que vous aimez. En effet, que ce soit après une rupture récente ou ancienne, souvent la partie de nous qui est reliée aux qualités physiques ou mentales a tendance à prendre un coup et à être remise en question de façon drastique et bien souvent de façon négative. Mais ne vous inquiétez pas ! VOUS ÊTES LÀ POUR NOUS AIDER À RÉPARER ÇA !

Je vais vous demander d'écrire sur une feuille toutes les qualités que vous voyez chez la personne qui vous a demandé de vous prêter à cet exercice et que vous admirez, ce qui vous rend fière de le ou la connaître, en gros, l'image générale de ce qu'elle peut transmettre de positif sans même s'en rendre compte.

Essayez d'étoffer un peu vos réponses afin que votre ressenti soit bien retranscrit, sachez que chaque mot de soutien et d'encouragement peut avoir des effets extraordinaires sur le rebond qu'une personne en souffrance ou dans une période difficile peut avoir. Parlez avec le cœur, il ne ment jamais. Je vous mets un exemple type pour vous aider à le rédiger.

Encore merci pour lui/elle, et n'hésitez pas à demander autour de vous à ce que vos proches fassent aussi cet exercice à votre égard.

Sur la page suivante, vous trouverez un exemple de lettre remplie à l'attention d'une Océane afin de vous en inspirer ; écrivez avec le cœur, vous n'avez pas besoin de suivre à la lettre l'exemple, ce qui compte c'est que la personne qui vous a demandé de faire cet exercice se rende compte de toutes les qualités qu'elle possède et dont elle n'a peut-être pas conscience.

Fiche exemple exercice

« Si tu pouvais voir ce que je vois, Océane »

- Océane possède une beauté très profonde, celle des femmes que l'on remarque lorsqu'elles rentrent dans une pièce. Elle est lumineuse et elle irradie de gentillesse.
- Océane est disponible et est une amie en or, chaque fois que j'ai eu besoin d'elle, elle n'a pas hésité à me soutenir.
- Elle élève seule ses deux enfants avec un courage et une résilience incroyables, malgré les épreuves de la vie elle ne se plaint pas ou peu, elle fait tout pour assurer un bel avenir à ses deux garçons.
- Elle a toujours été attirée par des hommes qui ne la méritaient pas, elle mérite un homme à sa hauteur, qui s'occuperait d'elle quand elle va mal et sur qui elle pourrait compter.
- Elle est dotée d'une intuition très précise, et elle a souvent raison quand elle ressent quelque chose, son avis compte beaucoup pour moi.
- Elle possède des yeux bleus immenses et envoûtants.
- Elle est passionnée lorsqu'elle me parle de ses projets de voyage à travers le monde, je pourrais l'écouter des heures.
- Elle est juste dans sa façon d'agir, elle est éthique et a une vraie conscience morale, je suis fière d'être l'amie d'une personne comme elle.
- Elle me fait mourir de rire, chaque moment passé avec elle est toujours un renouveau et un moment de rigolade, même quand la situation laisse à désirer.

De la part de Sophie

Fiche exercice à remplir

« Si tu pouvais voir ce que je vois, ... »

....

....

....

....

....

....

....

....

....

....

....

....

....

....

De la part de ....

Fiche exercice à remplir

« Si tu pouvais voir ce que je vois, ... »

....

....

....

....

....

....

....

....

....

....

....

....

....

....

De la part de ....

Etc. Écrivez tant que vous avez des choses à dire, n'inventez rien, tout doit être sincère, il vaut mieux mettre moins de choses, mais vraies plutôt que d'enjoliver la vérité, nous travaillons sur un nettoyage du chakra cœur et vos mots, dans leur sincérité absolue, iront directement se loger à cet endroit.

CHAPITRE 13

Suivre le flow

Écouter sa satiété

Le *flow*, qu'est-ce que c'est ?

C'est un état naturel qui nous pousse à suivre l'énergie du moment sans résister. (Cela ne s'applique pas au quatrième paquet de Bounty que tu as envie de t'enfiler ceci dit.)

Prenons par exemple une personne lambda un samedi matin.

Pétunia a prévu d'aller au marché ce matin acheter ses légumes, puis un cinéma dans l'après-midi pour assouvir sa passion des mélodrames sous-titrés en bulgare.

Voilà ce que Pétunia avait PRÉVU. Saisissez-vous la subtilité entre le *flow* et la prévision ?

Ce matin-là, quand Pétunia se réveille, elle a plutôt envie d'aller se balader en nature, et au lieu du ciné, elle ressent l'envie de trier ses papiers.

C'est LÀ que son *flow* est important : l'intuition de Pétunia lui indique le chemin à prendre. Peut-être forcera-t-elle sa destinée et ira-t-elle au marché comme prévu et manquera-t-elle de se faire renverser par un chauffard qui rentrait de boîte de nuit alcoolisé ? Ou croisera-t-elle quelqu'un qu'elle n'avait pas envie de voir et cela impactera négativement son moral ?

Ou peut-être ira-t-elle se balader près des vignes derrière chez elle avec les cheveux gras et rencontrera-t-elle un charmant agriculteur qui venait travailler le week-end ?

Notre destinée est faite de décisions. Nos guides et notre moi supérieur nous SUGGÈRENT des chemins, mais ne peuvent en aucun cas les forcer, vous restez maître de la situation.

Comment suivre le *flow* ?

Avant de laisser le mental prendre possession de votre tête aussi vite que votre tante Monique organise militairement le repas de Noël et le plan de table chaque année, prenez un temps de pause et écoutez-vous.

Quand vous visualisez votre journée, que voyez-vous ?

N'ayez pas peur de modifier vos plans, car bien souvent, comme notre amie Pétunia, si l'envie de trier les papiers se fait ressentir, c'est qu'un document qui arrivait à échéance était là-dessous et attendait que vous vous en occupiez, ou bien une lettre retrouvée ou une carte vous plongera dans un état énergétique particulier qui donnera une impulsion nécessaire à un projet (par exemple, se remettre à dessiner, écrire, réserver un voyage, etc.).

Rien n'est anodin : vos envies et votre ressenti vous guident vers le chemin idéal pour vous, celui qui sera dénué de pierres, de ronces et de dangers.

Faites-vous confiance !

CHAPITRE 14

La perfection high standing

Vouloir servir du « gastro » à chaque repas

Si vous êtes du genre à aimer avoir des standards plus hauts que vos amygdales, ce chapitre va vous intéresser.

Qu'est-ce que la perfection ?

La perfection, au-delà du fait de vouloir être parfait, cache un besoin d'être irréprochable. Et qu'est-ce que ça signifie, être irréprochable ?

BANCO, on vend la caravane ! Je sens que vous avez trouvé…

Cela veut dire que votre enfant intérieur essaye de faire le moins de bruit possible tout en essayant désespérément d'être aimé.

Personne ne veut être parfait. Personne n'aime se tartiner la gueule de *contouring* chaque matin tout en repassant sa chemise dans le sens du coton en terminant son lit au carré alors qu'il est en retard au boulot.

Non, en vrai, l'être humain a besoin d'amour de soi, pas de perfection ! Nous pensons souvent que nous devons être toujours impeccables, car cela nous renvoie à une blessure de désamour que nous ne pouvons supporter.

La perfection n'est rien d'autre qu'un moyen désespéré de se faire aimer comme quelqu'un que l'on n'est pas.

Alors, si vous vous reconnaissez dans le portrait de ceux et celles qui sont toujours tirés à quatre épingles et font toujours tout à la perfection, faites ce petit exercice rapide en faisant preuve d'honnêteté.

Écrivez toutes les choses que vous ne feriez plus si vous étiez entourée de personnes vous aimant à la folie et approuvant absolument toutes vos décisions, ou au contraire toutes les choses que vous ne feriez plus si vous étiez seule sur une île déserte :

- Je me raserais que les soirs de pleine lune.
- Je dirais « putain de merde » à chaque fois que je me cogne contre le buffet baroque.
- Je laisserais mon appart sentir le vieux grenier parce que l'hiver, aérer ça donne froid.
- Je dirais « non » quand on me demande un service.

Etc.

Une fois votre liste terminée, relisez-la et essayez de voir quels aspects de votre personnalité vous êtes prête à laisser libre : modifiez votre façon d'être doucement en vous libérant de votre propre dictature interne.

CHAPITRE 15

La routine du couple

Tous les jours le même plat

Lorsque l'on se marie ou que l'on décide de construire une vie de famille avec quelqu'un, on ne le fait généralement pas que pour la pièce montée et le *all inclusive* aux Maldives, on est persuadée de vouloir cette vie-là pour toujours et que l'on sera épanouie. Un proverbe dit « L'homme prévoit, Dieu rit » et il me fait bien marrer parce que c'est toute l'absurdité de l'être humain : parier sur le futur en ayant des certitudes.

Laissez-moi vous parler de 2012, cette année fut celle d'un grand changement énergétique et nous ne cessons depuis d'évoluer. Nous étions jadis dans des karmas d'évolution beaucoup plus lents, nous apprenions par l'enfermement, par des courses de fond, alors qu'aujourd'hui, nous sommes sur des sprints, tout est rapide, percutant, presque déstabilisant. Nous ne gardons plus le même travail cinquante ans, et encore moins le même partenaire, bien sûr, certains dérogent à la règle, mais soyons honnêtes, il y en a peu.

La raison est simple : nous avons des fréquences vibratoires plus élevées, nous développons de plus en plus nos facultés subtiles et spirituelles, nos épreuves et enseignements sont donc alignés à cette nouvelle énergie : de la même façon que nous ne donnerions pas un contrôle de maths niveau CP à un lycéen, la vie nous met des épreuves plus ardues afin que nous évoluions sans cesse.

Pour le couple, c'est pareil, il devient difficile de « garder » un conjoint aussi longtemps qu'avant, car nous aspirons à être heureux, sereins et à évoluer, une fois l'enseignement acquis avec son partenaire, nous tendons à nous en détacher afin de voguer vers une autre relation qui nous apportera une autre pièce manquante du puzzle. Cet effet miroir avec l'autre permet de voir en nous ce que nous n'avons pas nettoyé ou libéré.

Quid des couples qui sont extrêmement malheureux ensemble et qui pourtant n'arrivent pas à se quitter ?

Parfois, la souffrance du quotidien peut être plus rassurante qu'une potentielle amélioration ou du renouveau. Partir, reconstuire, se retrouver seul, tout ce jargon est aussi effrayant qu'une énième rediff du *Silence des agneaux*. Il faut beaucoup de courage pour être heureux, il faut décider que l'on a envie de l'être, il faut décider que c'est une priorité et que parfois avant de l'atteindre, il y aura des sacrifices et des dommages collatéraux.

Nous sommes tous soumis à une loi implacable et inéluctable qui est celle de la routine du couple. L'être humain a besoin de stimulation pour avancer, que ce soit des projets, des buts, des objectifs. Durant les premiers mois d'une relation, la stimulation est à son paroxysme, cela ne demande pas énormement d'efforts et puis ensuite, nous tournons notre attention sur d'autres projets de façon subreptice et un jour, sans que nous ayons vraiment fait attention, l'autre est devenu un colocataire.

Un coloc qui nous pompe l'air, qui ne range pas ses chaussettes et qui ne connaît pas l'existence de la machine à laver.

Vous n'avez pas fait attention, mais vous vous êtes émotionnellement éloignée, alors physiquement vous êtes toujours là, hein, à coller vos pieds gelés sur lui ou elle, mais le reste est déconnecté.

Lorsque vous êtes ensemble, vous parlez des choses à faire, des choses qui ont été faites, des choses qui ne vont pas, mais vous ne profitez plus de la présence l'un de l'autre. Bien évidemment, quelques malins échappent à cette triste malédiction, mais, soyons honnêtes, au bout de quelques années, il y en a peu.

Alors, comment se reconnecter profondément à son partenaire afin de retrouver chacun sa place dans le couple ?

Essayer de se reconnecter en faisant l'amour ou en partant en vacances équivaut à essayer de connecter votre téléphone sur son chargeur qui ne serait lui-même pas branché à la prise. Pour vous retrouver de façon complète, vous allez devoir vous reconnecter émotionnellement.

Depuis quand n'avez-vous pas parlé à cœur ouvert ? Ressassé les souvenirs du début qui vous rendaient si heureux ? Demandé à l'autre si en ce moment il se sentait bien, s'il avait peur ? Depuis quand n'avez-vous pas eu ce que l'on appelle les *first talks*, ces conversations que l'on a au tout début où l'autre est notre monde et où l'on veut tout savoir de lui ?

Prenez un moment pour vous et ne pensez plus à rien, les problèmes de demain arriveront bien assez tôt et ceux d'hier sont déjà loin : mettez toutes les conditions de votre côté pour pouvoir passer régulièrement des soirées de déconnexion au monde extérieur et de reconnexion à votre couple. Ce ciment vous liera de façon profonde pour vaincre le quotidien tourbillonnant.

Vous pouvez définir des moments à vous où vous serez intégralement dédiée à votre couple : bain relaxant, soirée au restau, balades, activité sportive commune, ou bien encore un jeu pour couple tel que la *Souls secret box*[11].

Le but est de décider de poser des temps fixes et réguliers où vos âmes pourront se reconnecter sans que le mental n'entre en jeu. Tant que vos âmes seront en lien, elles pourront surpasser les épreuves et le temps, car elles seules savent et connaissent votre lien si profond. Si le mental au fil du temps prend le dessus, alors vous entrerez dans une compétition d'ego avec l'autre où reproches et rancœurs resurgiront à la première occasion.

---

11. La *Souls secret box* est une *box* ludique, conçue par l'auteure, pour couple ou célibataire, qui vous permet de vivre une expérience de reconnexion profonde d'âme à âme. Elle paraîtra au début de l'année 2022 aux éditions Contre-Dires.

CHAPITRE 16

Souffrance infantile et séparation

Le menu enfant

Malheur, vous n'aviez pas encore lu ce livre et par conséquent votre couple n'a pas tenu le choc, vous voilà en mode *Sex and the City* à boire des Martini Dry avec vos copines quadras dans un bar karaoké, vous savourez votre semaine de garde alternée et tandis que vous vous égosillez sur le dernier refrain de *L'Aziza*, vous déprimez déjà de l'état dans lequel vous allez récupérer les mômes lundi.

Du point de vue spirituel, rassurez-vous, si vous avez peur que vos enfants souffrent de votre séparation : il n'y a aucune épreuve qu'ils ne vivront qui n'aura été choisie et prévue dans leur chemin d'incarnation, vous ne pouvez pas ôter les fossés et les montagnes sur leur chemin, votre rôle n'est pas de vous sacrifier pour eux, mais de les accompagner à braver leur propre chemin avec amour et soutien. Bien souvent, les enfants, la maison et le lapin nain sont des excuses pour ne pas franchir le pas, tant qu'il y a de l'amour vous pouvez vous battre pour votre union, mais si tous les matins votre partenaire vous file de l'urticaire et que plus il vieillit, plus vous lui trouvez de ressemblances avec Mister Bean, posez-vous les bonnes questions : à qui cela profite-t-il ? Y a-t-il une personne heureuse dans le foyer ?

Vos enfants font partie de ce que l'on appelle des familles d'âmes : au même titre que votre mère tyrannique ou votre père alcoolo, ils ont leur propres rôles à jouer et leur propre chemin de vie pré-tracé.

Et quand je dis tracé, cela signifie qu'une séparation des parents et tout ce que cela peut engendrer en fait partie : ils ont choisi de vivre cela et cette étape est nécessaire pour leur propre cheminement.

Vous ne pouvez et vous ne devez pas faire de sacrifice personnel par rapport à eux (rester en couple pour les enfants, redonner une chance à votre couple alors qu'il n'y a plus d'amour ou trop de haine et de choses qui ont ruiné la relation). Vous ne pouvez leur ôter leur souffrance, en revanche vous pouvez être là pour les aider à gérer la situation : leur faire sentir qu'ils sont aimés même si leurs parents n'habitent plus sous le même toit, essayer de garder des relations parentales harmonieuses pour ne pas qu'ils puissent ressentir de culpabilité ou d'animosité entre vous.

Dans le cas où le parent opposé est une personne toxique, le cas de figure est identique : ne restez pas dans une relation malsaine par peur que votre enfant vive mal la séparation, un enfant a besoin de deux parents heureux et épanouis, pas forcément de deux parents vivant sous le même toit.

Aidez-les à extérioriser ce qu'ils vivent, communiquez, faites-leur voir le positif dans la situation, si vous êtes OK avec tout cela, vos enfants suivront, car ils sont connectés à vous d'une façon bien plus importante que vous ne le pensez.

N'oubliez pas que nous sommes l'exemple de nos enfants, s'ils voient que l'amour est synonyme de sacrifice et de tristesse, alors ils recevront l'encodage identique à ce qu'ils auront appris. En étant sincère et honnête dans vos sentiments et dans vos besoins, vous leur enseignez à faire de même avec les leurs.

CHAPITRE 17

Définir sa valeur et ses droits

Du fast-food au 5 étoiles

Si je vous claque le beignet parce que vous avez touché un vase en porcelaine dans un magasin, vous allez certainement mal le prendre, pourquoi ? Parce que vous avez des droits, par exemple on ne peut pas déféquer sur la voie publique, ni dans le vase en porcelaine, et on ne peut pas frapper ou injurier quelqu'un, même si on le voudrait très très fort.

Bien souvent, lorsque l'on souffre c'est que nos droits n'ont pas été respectés, mais pour que les droits soient respectés, encore faut-il les reconnaître ! (Souvenez-vous du droit de vote des femmes, il nous aura fallu des décennies pour éventuellement se rendre compte que c'était peut-être pas normal.)

DONC.

Peut-être subissez-vous dans votre vie des comportements ou des relations douteuses tout simplement parce que vous n'avez pas défini vos droits. Grâce à ce petit exercice, vous allez pouvoir instaurer vos règles et éviter que l'on vous chie en plein milieu du salon.

Inspiré du livre de Manuel J. Smith, psychologue et auteur de *When I Say No, I Feel Guilty*, je vous propose de définir ce que vous valez et ce que vous êtes prête à accepter afin de pouvoir délimiter vos besoins et vos attentes face aux autres.

Prenez un papier et un stylo et faites une lettre très formelle en la datant, intitulée :

« CONSTITUTION DE MES DROITS PERSONNELS »

Réécrivez chaque point ci-après et agrémentez-le de choses que vous jugez nécessaires à votre équilibre, ou au maintien du respect que vous-même et autrui vous devez.

Cette déclaration est à signer solennellement, vous faites un pacte envers vous-même, celui de ne plus jamais vous laisser tomber, de vous soutenir, et de vous affranchir de l'opinion des autres.

Bienvenue dans votre démocratie de la liberté et du bien-être !

Constitution de mes droits personnels

- J'ai le droit de ne pas m'excuser et de ne pas justifier mon comportement si celui-ci me paraît approprié à la situation.
- J'ai le droit d'être la seule personne apte et autorisée à me juger, quoi que je fasse et j'en assume l'entière responsabilité.
- J'ai le droit d'être vulnérable, faible, de me tromper sans que cela ne déprécie ma valeur.
- J'ai le droit de dire « non », « ça ne m'intéresse pas » ou « merde ».
- J'ai le droit d'être indécise, de changer d'avis et de ne pas avoir à m'en justifier.
- J'ai le droit d'exprimer mes envies, mes préférences et mes opinions sans être jugée ou rabaissée.
- J'ai le droit de ne pas rester si une relation ou une situation me fait du tort, même s'il était attendu de moi que je reste.
- J'ai le droit d'aimer mon corps et d'en être fière malgré les réflexions ou les diktats sociaux.
- J'ai le droit d'être en colère et de ne pas réussir à avancer lorsque les situations sont trop pesantes pour moi.
- J'ai le droit de décider d'être heureuse et de ne pas perpétrer des mémoires de souffrance que l'on m'a transmises ou que j'ai reproduites inconsciemment.
- J'ai le droit au respect et à l'intégrité physique et morale.
- J'ai le droit d'être moi et de ne pas m'excuser de me sentir différente.

CHAPITRE 18

Accepter sa réalité

Ne pas confondre le foie gras et le pâté

Lorsque j'ai décidé de rebondir et d'aller mieux après une énième rupture, j'ai décidé que je ne voulais plus rester accrochée à ma souffrance. Elle n'était plus qu'une cousine éloignée relou qui s'était invitée au mariage et qu'on n'avait pas osé remballer. Elle était là, certes, mais je n'allais pas lui faire la part belle.

Alors j'ai fait cet exercice tout bête, mais qui m'a ouvert la porte du rebond que vous vous apprêtez à faire dans votre vie.

Si vous souffrez, c'est que vous n'acceptez pas quelque chose, tant que vous voulez que les choses soient comme vous les voulez, vous ne les acceptez pas, car vous voulez changer ce qui ne peut être changé.

Le problème, c'est que l'ego n'aime pas trop l'acceptation, car l'acceptation résout tout, alors que la souffrance nourrit l'ego : si vous la supprimez, il n'aura plus de nourriture énergétique et mourra. Impossible à envisager pour lui ! Alors, il se pare de sa plus belle voix enchanteresse et vous susurre à l'oreille : « Et si ? Et si ceci n'était pas arrivé ? Et si tu avais répondu plutôt ça ? Et s'il ne t'avait pas quitté ? »

Ce petit concerto privé tourne en boucle dans votre tête, vous voulez l'arrêter, mais vous n'y arrivez pas : ses paroles se collent à vous, s'immiscent dans vos cellules, et intègrent pleinement vos corps.

Alors, comment les arrêter ?

En prouvant à l'ego qu'il a tort ! Et que vous ne voulez plus qu'il vous pue de la gueule dans l'oreille en vous susurrant autant de conneries comme il sait si bien le faire.

Pour le remettre à sa place, vous n'avez qu'un choix : vous recentrer systématiquement sur la réalité. Pour ma part, cet exercice a fonctionné en moins de 24 heures et m'a aidée à ancrer définitivement ce que je voulais en lâchant ce que je ne voulais plus.

Prenez un papier et un stylo et notez la **VÉRITÉ**. Si vous avez du pâté devant vous, refusez de penser que vous mangez du foie gras, soyez réaliste, soyez honnête, rendez-vous ce service inimaginable et voyez les choses telles qu'elles sont réellement.

Prenons une rupture due à un souci lié à une envie d'enfant non partagée : Jacques ne veut pas d'enfant, mais Denise oui. Après des mois de conflits, Denise se rend compte que Jacquot ne changera pas d'avis et, las, il finit par la quitter, à cause de toute cette pression autour de ses parties reproductrices.

Denise aura du mal à digérer la séparation, car son couple ne battait pas de l'aile, l'ego lui susurrera : « Mais à part cela, tout allait bien, vous vous aimiez. Pourquoi cette relation s'est-elle finie ? »

C'est le moment de dégainer notre papier/stylo et de MATÉRIALISER votre première clé de libération.

Denise écrira par exemple la réalité de sa situation.

Écrivez en gros et tout en haut de votre feuille :

Accepter la réalité

- Jacques ne voulait pas d'enfant avec moi.
- Il m'a quittée, la relation est bel et bien terminée.
- Je voudrais être avec quelqu'un qui veut des enfants.

Relisez cette feuille plusieurs fois d'affilée et mettez-la-vous en tête : ceci est LA VÉRITÉ, ceci est LA RÉALITÉ. Votre ego aura beau vous chanter *Cantamañañas* toute la nuit sur un air de rumba, cela ne changera rien à votre vérité. Pour ma part, lorsque la souffrance prend le pas sur mon cœur, je laisse affichée la vérité dans un lieu où je peux lire et relire plusieurs fois l'affiche dans la journée, dans mon bureau en général.

Désormais, vous savez que chaque fois que vous allez ressentir cette douleur au ventre ou au cœur, cela signifie que vous n'êtes pas dans l'acceptation de la réalité, vous écoutez l'ego : relisez cette feuille et recentrez-vous. En restant dans la vérité, il n'y a point de souffrances, les choses sont ce qu'elles sont. Si je vous dis que le soleil brille, vous ne souffrirez pas de cette vérité, car elle est indéniable. Sortez des mensonges de votre mental et acceptez ce qu'est réellement votre vie, quelle qu'elle soit, et vous aurez ouvert le premier verrou de votre liberté émotionnelle.

Lorsque je me suis retrouvée une nouvelle fois au point zéro à devoir encore faire le deuil d'une relation pour laquelle je nourrissais énormément d'espoirs, je fus prise des symptômes classiques d'un chagrin d'amour : perte d'appétit, perte de sommeil, agacements, pleurs et j'en passe, je ne vous fais pas la liste, vous les connaissez tous.

Je vécus alors une expérience incroyable que je qualifierais de « divine ».

Ce jour-là, je compris que la relation que j'entretenais avec mon conjoint de l'époque était finie. Une banale dispute de trop qui fit déborder le vase et la Méditerranée en même temps. Les jambes flanchaient, j'avais du mal à croire que c'était possible. Je sentis à ce moment précis que j'allais vaciller, que j'allais m'écrouler et que les jours et semaines à venir allaient être horriblement longs et douloureux. Je n'avais pas la force de supporter un énième chagrin d'amour.

Mais au lieu de plonger, quelque chose d'incroyable se passa. J'expérimentai une sortie de corps (impossible de vous dire si c'était dans la matière ici-bas ou sur un plan plus élevé sur lequel je me serais déplacée, le souvenir est précis et vague à la fois).

J'aperçus mon corps physique et moi sur sa droite, sur la gauche une forme transparente et scintillante se tenait (j'avais l'impression que c'était une énorme poche plastique qui flottait dans le vide). Et d'un coup, je compris que cette poche était ma souffrance et que l'on me montrait qu'elle était dissociée de moi.

Je restai quelques instants à observer et je me rendis compte que la douleur que j'avais au ventre avait disparu. J'étais déconnectée de ma souffrance, je pouvais la voir, l'observer, mais elle n'était plus moi.

Je rentrai chez moi peu après et passai ma première nuit « seule ». J'étais agitée et pensive, certes, car je ne comprenais toujours pas l'objet de cette séparation brusque, mais quelque chose de fort et de puissant s'était désormais posé sur moi : l'acceptation.

La partie la plus sage en moi m'avait montré comment ne pas souffrir, il ne tenait qu'à moi désormais de choisir si je voulais conserver ce schéma ou pas. En parallèle, ce livre était en cours d'écriture, voilà des mois que je sentais que je devais écrire sur l'amour, mais mon parcours chaotique me posait un conflit de légitimité à le faire.

Comment donner des conseils quand on n'a absolument jamais réussi une seule de ses relations sentimentales ? Les mots ne venaient pas et le projet n'avançait pas.

Trois jours après cet épisode, j'eus une illumination ! Mais bien sûr que je n'étais pas légitime à parler d'amour durable, mais en revanche j'étais légitime à parler de rupture amoureuse, de résilience et de rebond. Ce soir-là, tout le brouillard de mes canalisations concernant ce projet disparut et j'écrivis la trame de mon livre en une soirée. Dès le lendemain, j'avais déjà plus de cinquante pages d'écrites.

Maintenant, tout était clair[12].

Alors, où est-ce que je veux en venir ?

L'acceptation peut sembler utopique et impossible à atteindre, mais en réalité elle est un minuscule interrupteur à actionner qui peut éteindre toutes vos souffrances.

---

12. L'auteure fait référence au best-seller *Tout est clair, maintenant* du Dr Dyer, livre dont elle parle dans son premier livre *Karma Bitch,* qui l'a profondément bouleversée, paru chez Guy Trédaniel Éditeur.

Imaginez que vous vivez sur un pan de montagne, traversé par un énorme ravin de plusieurs dizaines de mètres de hauteur. Chaque matin, vous sortez et vous regardez de l'autre côté et apercevez votre amoureux ou amoureuse qui s'y trouve. Chaque matin, impatiente de vouloir le ou la rejoindre, vous sautez par-dessus le ravin pensant pouvoir atterrir de l'autre côté. Inlassablement, vous vous fracassez tout en bas et remontez chez vous en lambeaux.

Ce ravin s'appelle la non-acceptation : vous ne voulez pas voir la réalité.

Votre réalité est que vous devez passer de l'autre côté parce que vous le voulez.

La VÉRITÉ est que vous ne pouvez pas aller de l'autre côté, même si vous le voulez.

Tant que vous ne voudrez pas voir la vraie réalité, vous tomberez dans le mirage du ravin de la non-acceptation et souffrirez. Cela peut durer des jours, des mois, des années. Chaque fois que vous vous battrez contre des faits réels et concrets, vous sauterez à pieds joints dans le ravin.

Accepter la réalité sera votre porte de sortie : vous êtes aveuglée par la douleur ; actionnez l'interrupteur de l'acceptation et vous trouverez cette porte. Elle ne sera peut-être pas comme vous l'imaginez et ne vous emmènera peut-être pas là où vous voudriez, mais elle vous sortira de l'enfer dans lequel vous vous trouvez actuellement.

Attention de ne pas confondre acceptation et résignation. La résignation est la version ratée de l'acceptation. On finit par s'asseoir face au ravin et on souffle, on râle et on l'insulte de nous empêcher d'être heureux.

L'acceptation est la conviction profonde que tout arrive pour une bonne raison et que du mieux nous attend derrière. C'est une foi profonde en la vie et dans le futur.

CHAPITRE 19

Les émotions

Ne pas se faire bouffer par le déni

Les émotions sont un peu comme des anciennes copines du lycée qu'on n'a pas vues depuis longtemps, ça fait plaisir de les voir autour d'un café, mais si elles s'invitent à rester dîner, on traîne des pieds et on s'invente une gastro express pour y échapper.

L'émotion est une impulsion électrique qui traverse votre corps pour vous signaler que quelque chose s'y passe, comme une alarme incendie. En tant qu'humaine cérébrée, vous êtes censée comprendre que :

- y a le feu ;
- vous pouvez vous brûler ;
- vous avez besoin d'aide ;
- il ne faut pas rester là où vous êtes.

Sauf que la plupart des personnes quand elles entendent l'alarme :

- ne cherchent pas où est le feu ;
- pensent être déjà brûlées vives ;
- se lamentent sur l'alarme qui beugle en continu et qui leur casse les oreilles.

L'émotion vient juste vous taper sur l'épaule pour vous réveiller.

Attention. Régine, aujourd'hui, ton mari ne t'a pas respectée. Quand il a dit devant ses copains du PMU « Quelle est la différence entre Kiki notre golden retriever et Régine ? » et que Marcel le patron du bar a répondu « le prix du collier » et qu'ils ont tous éclaté de rire et recommandé une tournée de bières, **TU N'AS PAS ÉTÉ RESPECTÉE**. Alors, on va t'envoyer une rasade de colère pour te faire comprendre que quelque chose en toi a été touché et que cela doit être réparé.

Et toi Laura, aujourd'hui, tu es passée dans un jardin public et tu as croisé une famille, ils jouaient ensemble et avaient l'air heureux, même si le père portait un tee-shirt « Crédit mutuel » et un bob du Tour de France, toi tu les enviais quelque part, alors on t'a envoyé une vague de tristesse afin que tu comprennes qu'une partie de toi n'a jamais fait le deuil de ton propre papa.

Ces deux personnes devraient-elles rester en colère et tristes durant des heures et des jours suite à ces situations ?

Nous ne sommes pas nos émotions, elles ne font office que de messager, le risque est de se les approprier et de ne pas savoir quoi en faire.

Lorsque l'une d'elles vous traverse, cherchez en profondeur ce qu'elle a à vous dire, elle porte un message à délivrer, une fois que celui-ci aura été conscientisé, l'émotion repartira sur la pointe des pieds en vous laissant faire votre introspection interne.

Alors, comment comprendre ces fameux messages ?

Derrière chaque émotion se cache un besoin non assouvi, trouvez l'émotion et vous trouverez le blocage !

La colère

La colère est une émotion qui traduit soit une frustration, soit un manque de respect ou de considération profonde envers nos limites ou notre personne. Lors d'une rupture, on tend souvent à être en colère pour plusieurs raisons : tromperie, lâcheté, mensonges, peu d'efforts pour sauver le couple. La colère est une émotion plutôt saine si elle passagère, car elle vous signale que quelque chose dans le comportement de l'autre ne va pas.

Essayez de calmer cette émotion afin de pouvoir voir clairement et analyser la situation, par exemple, allez enfin rentabiliser votre abonnement à la salle de sport, je parie que la colère sera bien redescendue après avoir supporté durant une heure votre coach vous hurler « NO PAIN ! NO GAIN ! » dans les oreilles.

Faire redescendre la colère est votre priorité pour ENSUITE enquêter et voir quel comportement vous aura soit frustrée, soit fait ressentir que l'on vous a manqué de respect.

La tristesse

La tristesse est l'émotion qui fait la manche de l'amour, elle se recroqueville sur elle et attend la pitié de l'autre. Elle souffre et elle se complaît dans cette énergie. Lorsque nous baignons dans la tristesse, nous refusons d'accepter et de lâcher prise sur quelque chose. Nous sommes comme un enfant qui refuse ce qu'on lui impose et qui préfère pleurer plutôt que de prendre les choses telles qu'elles sont.

Pour lâcher la tristesse, il faut accepter de lâcher ce que l'on pense indispensable dans nos vies, et accepter l'idée que si nous l'avons perdu, c'est qu'il y a une bonne raison. Attention, elle est importante, car elle dévoile un besoin affectif non comblé, il est donc important de la laisser s'exprimer afin de réconforter la partie de vous en « deuil émotionnel », en revanche, il ne faudra pas se rouler dedans comme les cochons dans la boue éternellement, une fois que vous avez pu vider votre jauge, remettez-vous en selle.

La peur

La peur a pour fonction de nous prévenir d'un danger, le plus souvent les vrais dangers (un phacochère qui veut vous foncer dans l'arrière-train alors que vous cueillez des champignons, par exemple) sont rares, nous passons la plupart du temps dans des fausses peurs d'anticipation (et s'il me quittait pour une autre ? Et s'il ne m'aimait plus ? Et s'il m'annonçait qu'il était gay ?).

Nous imaginons le pire et ensuite nous élaborons tout plein de scénarios géniaux pour rendre crédibles nos théories. Parfois, les peurs sont avérées, car votre intuition vous signale que quelque chose ne va pas, mais dans tous les cas, il n'y a rien que vous pourrez faire pour éviter ce qui est écrit, si votre mec en aime une autre ou s'il est vraiment gay, croyez-moi, vous n'aurez pas une énorme marge de manœuvre pour l'éviter.

Alors, comment utiliser la peur à bon escient ? Gardez seulement sa fonction première en marche : vous alerter sur les vrais dangers palpables et réels, et prenez l'habitude de balayer les pensées complotistes que fabrique votre cerveau sur toutes les catastrophes possibles qui pourraient vous arriver.

Les émotions possèdent plusieurs paliers qu'il est intéressant de connaître afin de comprendre à quel point vous êtes touchée.

Stade tranquille :
Expression de la colère : agacée
Expression de la peur : préoccupée
Expression de la tristesse : affectée

Stade ça commence à bouillir :
Expression de la colère : frustration palpable
Expression de la peur : anxiété
Expression de la tristesse : peine

Stade ça va exploser :
Expression de la colère : fureur
Expression de la peur : panique, angoisse
Expression de la tristesse : désespoir

Ce petit récapitulatif est important, car si vous voyez que vous êtes déjà au second palier émotionnel, il est vraiment temps de vous occuper de ce qu'il se passe en vous avant que tout explose.

CHAPITRE 20

La minute de la trêve

L'entre-deux-plats

La deuxième clé d'acceptation que je vais vous donner est encore une fois bête de simplicité : sachez que tout ce qui peut vous débloquer est toujours facile, simple et à portée de main. Nous sommes livrés avec tout ce qu'il faut pour pouvoir débloquer nos souffrances et être heureux.

Reprenons votre situation : vous venez de vous séparer ou vous êtes séparée depuis quelque temps, mais vous souffrez encore. Parmi ces deux cas de figure, vous avez automatiquement vécu ce que j'appelle « la minute de trêve ».

Késsécé ?

Même lorsque vous êtes au plus mal (vous vous êtes mouchée dans votre robe de mariée et vous y avez ensuite mis le feu), vous avez toujours un moment où il y a une trêve. Vous êtes tellement larmoyante et plaintive que même votre ego pose une RTT. En général, après des après-midi entiers de pleurs et de « Pourquoiiii ? », vous arrivez au point où vous n'avez juste plus envie de pleurer, vous êtes épuisée, votre BFF[13] vous a mise sur haut-parleur et fait cuire ses choux de Bruxelles et vous, vous avez une migraine.

STOP !

Nous y voilà.

---

13. Meilleure amie en anglais : *Best friend forever.*

Cette période est « la minute de la trêve ». Votre situation n'a toujours pas changé. Vous êtes toujours aussi triste et pourtant vous êtes relativement en paix. Comme si toutes vos larmes avaient nettoyé votre peine. Vous avez vidé votre jauge émotionnelle et donc par extension la douleur a disparu. Nos souffrances sont toujours liées à notre système émotionnel, ce sont les émotions qui font vivre les blessures.

Afin de vous aider à vous désolidariser de cet état douloureux, prenez acte de ces moments où vous avez réussi à vous dégager de la souffrance. Revisualisez la scène : où étiez-vous ? Quand était-ce ? Quelle sensation d'apaisement et de distanciation avez-vous ressentie ?

Cette trêve vous prouve que vous êtes CAPABLE d'arriver à cet état de paix. Certes, cela n'a peut-être duré que quelques minutes ou quelques heures avant que votre mental ne rechute, mais vous l'avez touché du doigt et vous SAVEZ que c'est possible.

Désormais, à chaque fois que vous sentez l'émotion négative revenir, fermez les yeux et faites un saut quantique jusqu'à ce moment : revisualisez-vous au même endroit et reconnectez-vous à cet état de grâce.

Si vous l'avez vécu, ne serait-ce qu'une minute, alors vous pouvez retrouver cet état à n'importe quel moment quand vous le désirez, nos frontières ne sont que mentales, votre pouvoir d'intention est plus puissant que tous les stratagèmes de l'ego. Une fois que vous avez réussi à revenir en paix, visualisez cette paix par une lumière interne qui jaillit à travers tout votre corps vers l'extérieur et laissez-vous bercer par votre propre force intérieure.

Vous pouvez le faire,
vous êtes merveilleuse et
vous ne méritez pas de pleurer.

CHAPITRE 21

Le moment présent

Manger en pleine conscience

Ce terme me donne souvent envie de me vomir dans la bouche, tellement il est utilisé partout, tout le temps, pour tout.

MAIS

Il faut avouer qu'il est une des bases d'une vie épanouie et sereine, alors tu vas quand même devoir te le coltiner, assieds-toi, mange tes frites, ça va refroidir !

L'instant présent, qu'est-ce que c'est ? C'est un interlude temporel fuyant et permanent : il est constant et en même temps jamais fixe. (À ce stade, vous pouvez ouvrir une bouteille de rosé, je ne vous en voudrais pas.)

Alors, la bonne nouvelle c'est qu'il est toujours disponible, la mauvaise nouvelle c'est qu'on arrive autant à le choper que votre copine Tania qui rode tous les après-midi chez Yves Rocher et n'est jamais à la maison.

Pourtant, si vous arriviez à rester dans le moment présent, vous n'auriez plus aucun problème, enfin presque.

La majorité de nos problèmes n'en sont pas, ils sont seulement des projections de problèmes.

Des anciens problèmes que l'on va chercher parce qu'on s'ennuie : « J'ai été larguée en 1940 et j'en ai souffert ! »

Ou des anticipations de problèmes : « J'ai 23 ans et je n'ai pas de mec, comment je ferais si à 35 ans je veux des enfants et que je n'ai toujours pas trouvé le bon ? »

Comprenez que nous passons une vie entière à tergiverser sur des choses qui ont eu lieu ou qui n'auront probablement jamais lieu. Dieu que nous sommes épuisantes. (J'ai moi aussi ouvert une bouteille de rosé.)

La libération de tout ce stress mental prend place dans votre positionnement : où êtes-vous là, tout de suite, maintenant ? Êtes-vous en train de lire ce livre de façon très concentrée ou êtes-vous en train de repenser à ce que Nicole de la compta vous a dit ce matin à propos de la réforme des retraites à la machine à café ?

À moins d'être dans une situation EXACTE de souffrance (ce qui est le cas 1 % du temps), **vous n'avez pas de problèmes.**

Votre mec veut vous quitter ? Vous serez bien plus mal à l'idée de l'imaginer durant des semaines que de le vivre.

Vous avez peur que la facture de la réparation de votre voiture soit trop élevée ? Y penser toute la nuit ne changera en rien le montant.

Vous repensez à une attitude que vous avez eue et que vous auriez préféré ne pas avoir ? Vous ne changerez pas le passé, et vous repasser la scène mille fois en modifiant ce qui a vous déplu et en espérant une fin différente est proche de la folie mentale : cela ne vous apporte rien et cela ne changera rien.

Si vous vous positionnez sur la seconde qui défile, là, à cet instant, plus rien n'aura d'importance : vous entendrez votre cœur battre et subvenir à vos besoins, vous sentirez votre souffle vous garder en vie, et vous comprendrez que chaque problème qui se dresse devant vous a sa solution. Par le passé, vous avez déjà vécu des imprévus, des ruptures, des pertes financières, vous avez trouvé une solution et la vie a continué. Tout cela n'a en réalité aucune espèce d'importance, car vous êtes un être merveilleux qui gère ce genre de choses haut la main.

Vous vous devez une sérénité mentale, vous vous devez de rester dans ce moment où le passé et le futur n'existent plus et où vous êtes en paix. Chaque fois que vous vous sentez mal, demandez-vous dans quelle faille spatio-temporelle vous vous êtes engouffrée :

Passé ou futur ?

Si vous êtes mal en point, vous ne pouvez être que loin derrière ou trop loin devant, ressaisissez-vous et replacez-vous au centre de votre vie : en étant ici, vous n'avez plus de raison d'aller mal, car à cette seconde précise où je vous parle, tout va bien.

Si vous êtes en train de vivre une rupture, gardez en tête que vous n'avez besoin de personne, vous ne dépendez de personne, votre corps, votre âme et votre esprit sont indépendants de tout autre être humain et vous irez bien, ne croyez pas votre scénario catastrophe qui vous prédit un avenir solitaire et misérable sans l'autre : vous êtes autosuffisante et, à cet instant précis, écoutez votre cœur, il ne bat que pour vous et personne d'autre que vous, plus rien d'autre sur cette terre ne compte.

CHAPITRE 22

Trouver vos trois piliers supports

Entrée/plat/dessert

Quand ça ne va pas, vous devez assurer et fortifier votre socle-base afin de ne pas vous écrouler en attendant que vous ayez remis vos pensées et vos énergies en place. Pour cela, il va falloir trouver et utiliser vos trois piliers supports.

Je vous entends de là me crier :

« BOUNTY !

KIT KAT !

KINDER BUENO ! »

Non.

Ça, ça peut tamponner la crise, mais pas sur le long terme, ici nous cherchons des solutions efficaces qui nous tirent vers le haut sans nous filer un diabète force 4.

Par exemple, quand je vais mal mon premier support pilier est la créativité : j'écris, je crée, j'imagine, je projette. Mon imagination est fertile durant ces moments précieux et j'y dédie plus de temps que quand je suis heureuse où j'ai tendance à la délaisser.

Mon deuxième pilier est le travail, j'adore mon travail et quand les temps sont durs, je me plonge dedans pour rehausser mon taux énergétique, cela me procure énormément de satisfaction d'aider les autres, de les guider, de les inspirer.

Mon dernier pilier, c'est le sport. J'ai toujours adoré le sport et j'ai dû fortement réduire, voire stopper un peu avant ma grossesse, car mon corps refusait le rythme effréné que je lui imposais. Mais quand le moral est bas, inexorablement j'ai besoin de reconnecter mon corps, mon âme et mon esprit et faire une activité sportive me donne un second souffle instantané.

Évidemment, chacun aura ses piliers propres, il n'y en a aucun qui soit meilleur.

Attention tout de même à ne pas confondre pilier et addiction, si vous avez répondu à ma question par « boire un baril cul sec de Jack Daniels, chaque soir et rentrer en *moonwalk* », vous êtes passée à côté de l'exercice.

Un pilier est quelque chose de CONSTRUCTIF. Qui vous apporte soit personnellement, soit collectivement, soit professionnellement ou humainement. Soyez raisonnable, se vomir dans les cheveux dans les toilettes du Paradise Club ne rentre dans aucune de ces catégories.

Une fois que vous avez découvert vos piliers, vous pouvez lister tout ce qui est en rapport avec eux et que vous aimeriez faire et vous prévoir des occupations sur les mois à venir afin de garder votre esprit occupé sur le positif de votre vie.

★☆☆☆☆

CHAPITRE 23

Faire tomber le prince charmant de son cheval

Laisser un mauvais avis sur Tripadvisor

Encore une fois, après avoir lu ce chapitre, vous allez vous rendre compte d'une chose : vous n'êtes en guerre contre personne d'autre que vous. Vous menez une guerre interne entre ce que vous voudriez qui soit et ce que les choses sont et l'un des points faibles de votre stratégie militaire est l'idéalisation de votre ex.

Si malgré des mois de séparation, vous êtes toujours accro à votre ex, vous faites probablement partie de celles qui ne sont pas restées accrochées à leur ex-partenaire, mais plutôt au souvenir enjolivé qu'elles ont gardé de lui, au manque de la vie à deux, à la routine, ou à l'image de la relation. Croyez-moi, si vous en êtes arrivée au point de rupture aujourd'hui et qu'il/elle n'est jamais revenu·e, c'est que votre relation n'était pas si idéale, et que vous n'étiez pas un si bon *match* que ça.

Pour vous aider à vouloir ADMETTRE cela, vous allez devoir vous munir d'une batte de base-ball et vous allez devoir faire tomber votre prince charmant de son cheval en finesse : en tapant fort et si possible du premier coup. Bien loin de nous l'idée d'utiliser la violence, nous allons le faire de façon métaphorique.

Pour cela, vous allez devoir faire preuve d'une HONNÊTETÉ sans faille, vous n'êtes plus là pour vous faire berner, vous êtes là pour voir tous ses mauvais côtés et que ceux-ci vous fassent vous rendre compte que, non, vous ne voulez plus de lui, et que oui, vous méritez mieux.

Commencez à noter tout ce qui vous énervait, vous dégoûtait, vous déplaisait, tout, tout, TOUT. Tout ce que vous aviez de non commun comme goûts.

- Il aimait pas les sushis.
- Il avait peur du sable.
- Il donnait des coups de pied à mon teckel Whisky.
- Il était aussi immature qu'un husky de trois mois.
- Il puait du coude.

Notez également ces traits de caractère sur lesquels vous aviez volontairement fermé les yeux, mais qui vous déplaisaient.

- Il était limite radin.
- Il était pas superpropre.
- Sexuellement j'ai connu bien mieux.

Toutes ces phrases, une fois que vous les aurez sorties de votre tête et posées par écrit, ne pourront plus être refutées par votre inconscient, vous ne pourrez plus rester dans le déni qu'elles existent, mais vous verrez qu'elles sont réelles. Relisez-les aussi souvent que possible dès que vous sentez que vous réenclenchez le mode « cœur dans les yeux » quand vous pensez à lui, je suis prête à parier que le « il passait la tondeuse en crocs et avait la raie qui suintait » vous remettra sur le droit chemin.

CHAPITRE 24

Comment oublier son ex

Partir sans payer la note

Je sais que beaucoup d'entre vous ont sauté les dizaines de pages inutiles qui précèdent ce chapitre pour avoir LA réponse à cette question : comment oublier celui ou celle qui vous a brisé le cœur ? Comment faire pour ne plus pleurer au rayon fruits et légumes de chez Leclerc, car cela vous rappelle qu'il adorait le pot-au-feu ?

Je vais vous proposer un exercice simple, mais très puissant qui va vous permettre de modifier votre perception de la situation : vous êtes prisonnière de cette fin de relation d'une façon émotionnelle, c'est-à-dire que vos émotions sont rattachées à lui. Lorsque nous sommes bloquées dans l'Alcatraz du cœur, il est très difficile d'en sortir pour la simple et bonne raison que nous n'en avons pas envie. Rester attachée à quelqu'un par la douleur reste un attachement, et vous, vous ne voulez pas être détachée, peu importe le prix.

Imaginez si vos émotions étaient une Maserati 4 000 chevaux filant à vive allure, vous seriez en train de limer vos escarpins sur le goudron, accrochée à la portière tandis que votre ex ne verrait même pas votre présence.

Ce dont vous avez besoin, c'est de comprendre que cet attachement est nocif et inutile, nous allons donc faire un premier saut quantique dans le passé pour finir par un saut quantique dans le futur afin de nettoyer cette partie de vous qui refuse la réalité.

Tout d'abord, il vous faudra un chagrin d'amour.

Enfin, un ancien hein, pas un nouveau, on n'a déjà pas le cul sorti du baril avec celui-ci, n'allez pas m'en chercher un nouveau ! Non, non, choisissez un ancien chagrin d'amour, qui vous a déjà mise dans un état proche de celui-ci.

Mettons que vous repensiez à Fredo, votre premier amour qui vous avait quittée quand vous étiez rentrée à la fac alors que tout allait bien « pour se concentrer sur ses études », et qui avait fini aux repêch'. Vous l'aviez eu mauvaise et vous aviez écopé d'une peine de six mois de Sheryfa Luna *featuring* Alicia Keys pour vous en remettre.

Repensez à vos émotions à cette période, ce mal de ventre, cette impression d'avoir tout perdu, ce mal au cœur. Maintenant, repensez à ce que cela vous fait AUJOURD'HUI.

Rien.

Oui, ça ne vous fait rien parce que vous n'en avez plus rien à faire, votre conscience s'est détachée de l'émotionnel qui vous reliait à la situation depuis fort longtemps. Fredo pourrait bien vous envoyer mille invit' Facebook, vous vous en contrefichez, alors qu'à l'époque vous vous connectiez chaque heure sur son profil MSN pour savoir s'il était vivant, ou s'il ne vous avait pas écrit. (N'abusez pas des *wizz* !!)

Donc, vous avez bien compris le stratagème : nous allons nous projeter dans le futur et RESSENTIR à quel point votre moi de plus tard en aura rien à foutre de celui qui vous fait autant souffrir aujourd'hui.

Imaginez un « vous » du futur plausible (si vous vous imaginez dans une soucoupe, ou milliardaire, vous allez déporter la concentration de l'exercice) : par exemple, vous êtes mariée, vous avez des enfants avec un partenaire merveilleux, et vous êtes épanouie. Imaginez croiser votre ex dans la rue et ne même pas le reconnaître tellement cette histoire est loin et insignifiante. Vous pouvez ressentir de la nostalgie sympathique pour lui, ou trouver qu'il a pris du bide, mais il n'y a plus de regrets, il n'y a plus de douleur lancinante dans votre corps, il est un ex parmi tant d'autres. Il est loin et vous avez incroyablement avancé depuis, d'ailleurs quand vous le regardez, vous vous rendez compte à quel point il ne vous convenait pas, à quel point vous avez trouvé un partenaire bien plus compatible aujourd'hui, cela vous procure un état d'apaisement incroyable, presque un soulagement que la vie vous ait séparés.

Restez dans cette énergie du futur aussi longtemps que nécessaire et refaites l'exercice chaque fois que vous sentez que vous retournez sur le chemin de votre prison émotionnelle.

CHAPITRE 25

Pardonner

Un dijo et ça repart !

Je vous l'accorde, ce chapitre n'est pas mon préféré, moi aussi je préférerais que la plupart de mes ex finissent dans une rôtisserie en enfer à purger leurs mauvais comportements, mais heureusement nous n'avons pas ce pouvoir et de toute façon la plupart seraient tout de même irrécupérables.

Donc, si nous ne pouvons pas nous venger ni les changer, dans ce cas-là, il ne reste qu'une seule option : bouger les choses de notre côté. Le pardon est un élément essentiel sur la voie du mieux-être, il laisse derrière ce qui n'est plus et nous permet d'ouvrir le champ des possibles sur ce qui sera.

Tant que vous aurez le cul entre deux chaises : l'envie de le voir souffrir (vouloir le piquer à la broche pour vérifier que la cuisson se passe bien) et l'envie de vous en libérer, vous aurez toujours un pied en enfer.

Ce dont vous avez besoin, c'est justement d'en sortir et de trouver la paix. Comment pardonner lorsque nous avons été tellement meurtries dans notre chair que cela nous paraît impensable ?

Il faut voir le pardon comme un vrai acte divin, une sortie de corps physique et mentale de votre âme qui prend de la hauteur et décide d'ACCEPTER que cette souffrance ne fasse pas partie de vous, que ces expériences ne sont que des tuteurs qui vous aident à évoluer.

Imaginez une vie entière dédiée non pas à pleurer ce qui n'a pas été, mais à se focaliser sur ce qui peut être créé. Vous avez de la magie entre les mains, le choix de savoir comment l'utiliser vous appartient et pardonner chaque personne qui vous aura fait du mal fait partie de ce cheminement.

EXERCICE

Un exercice que j'aime faire en ce sens est celui-ci :

Derrière chaque mauvais comportement se cache l'enfant intérieur de la personne concernée. Peut-être n'arriverez-vous pas à pardonner à l'adulte qui vous a fait du mal, mais vous pardonnerez probablement à l'enfant.

Le refus de pardonner provient de la croyance que la personne ne mérite pas ce pardon. Renversons celle-ci et regardons les choses sous un autre angle : l'enfant en souffrance aura soit répété un schéma connu (violence, maltraitance, indifférence, abandon, etc.), soit réagi à une situation de stress par des attitudes de défense (déni, fuite, mensonges, peurs, silence, etc.). Ce fut sur le moment les seules armes dont il put se parer face à cette situation qui le prit par surprise et dont il n'avait pas la clé de libération. Chaque personne fait de son mieux, avec ce qu'elle a, au moment où les événements arrivent.

La chose à garder en mémoire, c'est que nous ne sommes pas venues ici pour nous faire justice, nous sommes venues pour évoluer. NOUS et les autres sont autant de joueurs et de pions qui se déplacent sur l'échiquier afin de faire avancer notre jeu. Soyons reconnaissantes pour chaque rencontre qui nous a permis d'évoluer et conservons notre énergie pour les belles choses de la vie.

Le plus important à garder en tête est que vous devez pardonner à l'autre afin de pouvoir avancer, VOUS.

Attention, cela dit, n'avez-vous oublié personne ? (Non, pas Keviiiiiiiiin dans *Maman, j'ai raté l'avion !*)

VOUS !

Souvent la personne à qui l'on a le plus de mal à pardonner, c'est tout simplement nous. Nous sommes dures envers nous-mêmes, car nous nous en voulons d'avoir perdu du temps dans une relation, d'avoir cru à des mensonges, d'avoir pardonné, etc.

Appliquez le même exercice si vous sentez que vous n'arrivez pas à être tendre et tolérante envers vous-même : votre enfant intérieur a, pour des raisons qui lui sont propres, fait des choix au moment où il ne trouvait pas d'autres possibilités dans les ressources qu'il possédait. S'il n'est pas parti, lorsqu'il a été humilié, trompé, trahi, c'est qu'il n'en avait pas la force, s'il a supplié, et s'est senti humilié de courir après quelqu'un qui ne voulait pas de lui, c'est parce qu'il ne se sentait pas capable d'affronter cette épreuve tout seul.

N'oubliez pas que tout est énergie et vibration : traitez-vous avec tolérance et amour et vous attirerez à vous des personnes et expériences semblables.

CHAPITRE 26

L'étape du deuil émotionnel

Le service en 5 temps

Comme dans tout changement brusque et douloureux, nous traversons lors d'une rupture ce que l'on nomme un deuil émotionnel : à l'image d'un deuil classique, nous passons par plusieurs étapes qui nous permettent de nous libérer du poids émotionnel auquel nous nous raccrochons lorsque nous sommes perdues face à la nouveauté.

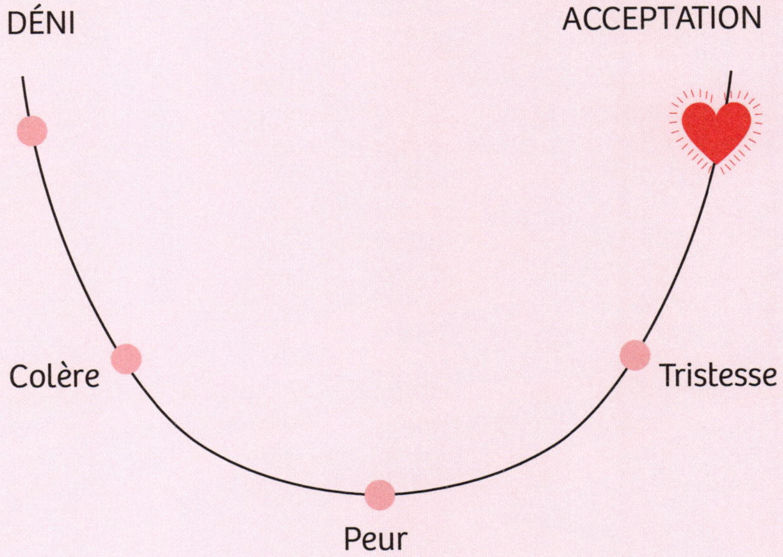

1. Le déni

Cette phase peut d'ores et déjà débuter lorsque vous êtes encore en couple, monsieur fait une blague cochonne sur les bonnes sœurs, en temps normal vous auriez tellement rigolé que vous en auriez recraché votre *double cheese* lors de votre sempiternel dîner romantique du samedi soir au McDonald's, mais cette fois vous le regardez avec mépris. Bravo. Vous voilà déjà dans le déni, vous savez que la situation est arrivée au point de non-retour, mais vous ne voulez pas encore l'admettre et vous pouvez rester dans cette situation durant des mois sans réussir à prendre de décision.

Si, en revanche, vous étiez encore toute énamouraillée de votre conjoint et que celui-ci vous largue sur WhatsApp avec un GIF *See ya never* et un smiley qui rigole, vous allez passer par la phase du « déni logique ». Celui-ci est plus pervers, car il vous tombe dessus sans que vous ne vous en rendiez compte : du jour au lendemain, tout votre monde s'écroule, au lieu d'accepter la situation vous allez plutôt utiliser toutes les parcelles de votre cerveau pour comprendre pourquoi il vous a quittée. Cette période peut être très intense et difficile, car vous vous battez contre des moulins à vent : la raison qui a mené votre couple droit dans le mur ne sera pas forcément celle avec laquelle vous serez d'accord, il faudra donc accepter que l'autre puisse avoir un avis différent (oui, même si c'est un avis de merde et qu'il vous a seulement quittée parce que la saison de foot reprenait) et que malgré tout ce que vous pouviez penser de la relation, elle est bel et bien terminée.

2. La colère

Cette phase est plutôt cool, car vous êtes en colère, la colère protège votre petit cœur de la souffrance, celle-ci est utilisée comme carburant pour alimenter la locomotive de haine et de reproches qui filent droit en direction de votre ex ; vous vous sentez revigorée, vous êtes galvanisée par cette émotion puissante qui vous donne une force mentale décuplée, et même si vous ressemblez au Grinch, vous avez l'impression en sortant de la phase de déni que vous vous sentez plus forte. Encore une fois, toutes les étapes sont utiles et nécessaires, n'essayez pas de les éviter si vous sentez que vous avez besoin de les vivre.

Cette période est celle où l'autre n'est plus qu'un gros tas de fumier et vous arrivez à mépriser et haïr la personne avec laquelle vous aviez fait un montage photo floral « Chouchou et Loulou » la semaine d'avant. Votre mental perd la raison, il le (ou la) déteste, point barre, et pour le cas où il s'aviserait de revenir, vous avez préparé un discours pas piqué des vers en six tomes avec annexes où vous avez pris soin de noter tous ses défauts un à un.

3. La peur

Cette étape est celle où vous regrettez, finalement vous vous dites qu'avoir traité votre ex de « gros connard » et lui avoir balancé que, de toute façon, « il avait le charisme d'un bidet Ikea » était peut-être exagéré. Vous commencez à vous dire que peut-être vous pouvez arranger les choses et que s'il revient, vous pardonnerez tout cela.

Vous êtes paumée et vous le suppliez de revenir, ou vous espérez secrètement qu'il le fera. Vous allez vérifier son Facebook, son WhatsApp, son Instagram, son LinkedIn et compte OVS pour savoir s'il ne vous a pas déjà remplacée. Vous n'imaginez pas votre vie sans lui, ou plutôt votre mental vous fera croire que vous n'arriverez pas à recréer un équilibre et une routine sans lui. Tous les souvenirs du début et les bons moments vous reviennent en tête et vous doutez de pouvoir retrouver quelqu'un avec qui reconstruire quelque chose d'identique.

Cette étape gouvernée par la peur vous rend faible et confond votre jugement, vous êtes perdue et vous n'avez plus de repères.

4. La tristesse

Cette phase mélancolique est certainement la plus longue, et même si elle est aussi inintéressante que les 48 saisons des *Feux de l'amour*, on se laisse entraîner. La tristesse nous permet de nous relier à l'autre ; là où la colère et la peur sont des étapes qui sont transitoires, la tristesse, elle, peut durer des années. Pourquoi ? Parce que bon nombre de gens ont un mécanisme inconscient de rattachement à l'autre *via* cette émotion : en restant dans la tristesse, vous gardez un lien avec l'autre, vous n'êtes plus avec lui, mais vous êtes toujours rattachée à lui par ce sentiment, même s'il est négatif.

5. L'acceptation

Mazal tov ! Nous y voilà enfin ! Vous vous êtes enquillée les quatre phases précédentes et vous êtes enfin sur pied ! Vous décidez que vous êtes enfin prête à passer à autre chose et vous pouvez enfin songer à l'idée que vous pouvez retomber amoureuse.

Alors, je vous ai brossé votre processus classique de deuil émotionnel, mais à l'image d'une finale de Top Chef où l'on vous demande de revisiter la tarte aux fraises, sans tarte et sans fraises, nous allons modifier cette courbe en y ajoutant notre touche de travail introspectif.

Voilà donc notre nouvelle carte.

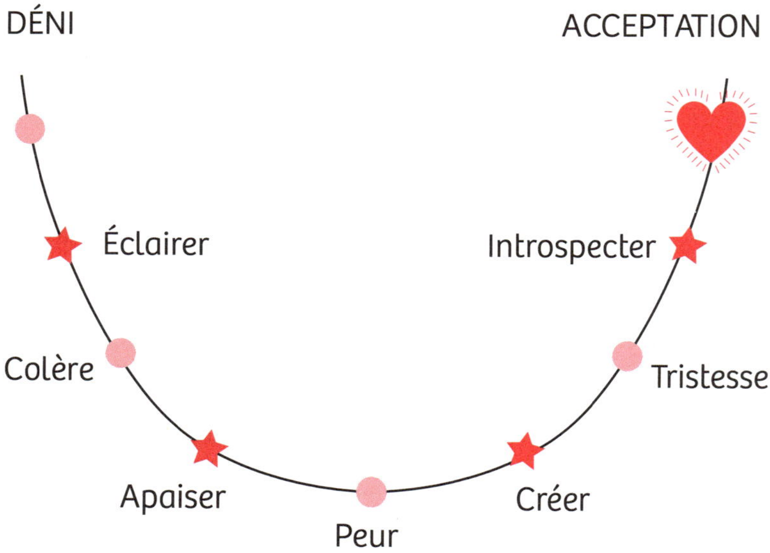

1. Éclairer

Dès lors que vous entrez dans la phase de déni, vous allez pouvoir la dépasser très rapidement en appliquant l'exercice du chapitre 18 « Accepter sa réalité ». Même si ce travail est coûteux, si vous le faites en conscience, vous allez gagner du temps en mettant en lumière ce qui se joue réellement devant vos yeux. Le mental est comme un Gremlins, il reste dans le déni tant qu'il n'a pas de porte de sortie pour faire autrement, une fois qu'il est mis en lumière, il n'aura d'autre choix que d'accepter et de sortir tout ce qu'il gardait à l'intérieur pour ensuite pouvoir avancer dans la phase d'apaisement.

2. Apaiser

Si vous êtes en colère, cela signifie que vous pensez que quelque chose est injuste. Prenons l'exemple d'un homme qui quitterait la femme qu'il avait demandée en fiançailles six mois auparavant pour sa conseillère Pôle emploi. La fiancée déchue ne comprendrait pas et entrerait dans un tourbillon de colère et de ressentiment envers son ex-petit ami, car elle trouverait injuste qu'il puisse changer d'avis et retirer sa promesse de mariage aussi facilement.

Afin d'apaiser ces situations où votre blessure d'injustice, d'abandon ou de rejet refait surface, lisez bien cette phrase :

**TOUT
EST
TOUJOURS
JUSTE.**

Vous êtes au bon endroit, avec ou sans les bonnes personnes et vous allez dans la bonne direction.

Même les événements les plus incompréhensibles ont une explication, si les relations ne fonctionnent pas, c'est qu'elles n'étaient pas à même de fonctionner, il y aura quelqu'un de mieux avec qui vous serez plus alignée qui arrivera au bon moment sur votre chemin, et en acceptant que cette relation se termine pour une bonne raison (votre équilibre personnel et votre bien-être), vous dites à l'univers que vous êtes prête à accueillir le meilleur pour vous.

Si vous et votre partenaire avez besoin de temps pour réessayer ultérieurement de redonner une chance à votre couple, ce n'est pas injuste non plus, c'est nécessaire. Certaines relations ont parfois besoin de plusieurs démarrages ratés pour se lancer convenablement, mais refuser la séparation ne servirait à rien. Travaillez sur ce qui a fait défaut, grandissez et laissez la vie vous réunir à nouveau lorsque vous aurez tous deux appris de vos erreurs.

3. Créer

Afin de remplacer la peur, il va falloir lui trouver un palliatif, un peu comme quand la prof d'histoire-géo est malade et que vous vous retrouvez avec le remplaçant sexy de première année.

La peur vous fera croire que vous avez perdu quelque chose, alors qu'en réalité nous ne perdons jamais rien, ce sera alors à vous de renverser la vapeur et de travailler sur votre loi de l'attraction. Vous pouvez faire un tableau de visualisation[14], ce tableau peut être uniquement axé sur le plan affectif, mais vous pouvez aussi décider que vous voulez donner de la perspective et du sens à votre vie entière en projetant vos demandes dans tous les domaines.

Ce qui compte dans le travail de modification quantique de votre réalité, c'est l'intention : du moment où vous commencez à donner l'impulsion du changement, le reste suivra.

4. Introspansion

Bon, OK.

J'ai totalement inventé ce mot, mais qu'est-ce que l'« introspansion » ?

C'est un mélange d'introspection et d'expansion : cela signifie que vous allez vous mettre dans un état de travail intérieur qui va rayonner sur votre monde extérieur. Vous ne ferez plus fi de la tristesse, elle ne vous définira plus, vous serez dans un état actif de travail sur vous : cartes positives, tableau *de visu*, mantra quotidien, yoga, sport, cuisine, danse, oracles, thérapie holistique, vous allez utiliser tous les moyens possibles pour libérer cette tristesse par le seul et unique moyen : vous révéler VOUS.

Si votre âme se trouve enfin et se sent alignée, elle n'aura que faire d'avoir perdu Grégory et ses pantalons sans ourlets, ou Marc et ses voitures tunings, vous serez totalement en phase et les épreuves et rencontres plantées sur votre chemin pour évoluer ne seront plus vues comme des détracteurs de bonheur, mais comme des tuteurs d'évolution.

Faites confiance en la vie, elle vous mène toujours là où vous devez être.

14. Exercice détaillé à retrouver dans le livre *Karma bitch*, chapitre 20.

CHAPITRE 27

Méditation de libération des souffrances affectives

Mange, prie, aime

Nous allons débuter cette méditation par un exercice rapide de cohérence cardiaque : vous allez respirer durant 5 minutes en respectant un ratio de 6 respirations par minute, et ce afin d'entrer dans un état de relaxation grâce à cette technique visant à vous libérer du stress et de la dépression. L'idéal est de répéter cet exercice 3 fois par jour, 6 respirations par minute et pendant 5 minutes, tous les jours.

Vous trouverez des applications Smartphone gratuites « cohérence cardiaque » qui proposent de vous accompagner, un petit gong sonne à chaque fois que vous devez inspirer ou expirer, cela est relativement pratique pour les débutants qui n'ont plus qu'à se concentrer sur leur souffle.

Afin de pouvoir nous déplacer sur un vecteur quantique où vous allez pouvoir libérer vos souffrances affectives, nous allons devoir visualiser cet endroit. Une fois que cet endroit sera bien ancré dans votre tête, vous pourrez librement, à chaque fois que vous en ressentez le besoin, vous y rendre à nouveau afin de déposer tout ce qui ne vous appartient plus.

L'endroit où nous allons se nomme le palais de la délivrance. Lorsque vous allez arriver devant cet endroit, vous allez être impressionnée par la taille du bâtiment : il est immense et il est composé de milliers de pièces. De couleur dorée et ocre, il scintille d'une lumière particulière. Les marches qui mènent à l'entrée de ce palais sont en marbre et sont au nombre de sept.

Vous pouvez ressentir l'énergie du lieu : les vibrations atteignent votre plexus et votre chakra cœur. Vous pouvez ressentir les murs comme étant vivants, quelque chose vous appelle à l'intérieur.

Vous montez lentement chaque marche et lorsque vous arrivez devant la porte, vous vous rendez compte qu'il fait très chaud, vous ne vous en étiez pas aperçue, mais le soleil est puissant et vous pouvez ressentir sa chaleur taper dans votre cou. Vous allez par conséquent retirer l'énorme manteau que vous avez sur les épaules et qui vous donne chaud. Ce manteau est votre carapace, il représente votre mental, vos peurs, vos doutes, vos craintes et tout ce qui pourrait vous empêcher de faire fonctionner cette méditation correctement.

Une fois le manteau posé au sol, vous vous sentez beaucoup plus légère, beaucoup plus sereine.

Vous poussez la grande porte en bois qui vous mène à l'intérieur du palais. Lorsque vous entrez, vous pouvez voir un serviteur qui vous attend. C'est votre ego, vous avez à peine passé la porte qu'il vous suit déjà partout et commence à vous dire par quelle pièce démarrer la visite.

Vous allez attraper votre serviteur par la main, et lui dire que vous le remerciez pour son aide, mais que vous n'avez pas besoin de lui, car le travail que vous êtes en train d'effectuer se fait par le cœur et non par le mental. Vous pouvez voir votre serviteur vous faire une révérence et sortir du palais.

Vous avancez dans le dédale de couloirs et vous vous rendez compte qu'il y a des centaines de pièces. Vous ne savez même pas par laquelle commencer. Vous décidez de suivre votre instinct et vous avancez au cœur du palais. Vous ouvrez une porte au hasard, au centre de la pièce se trouve un œuf doré scintillant. Il est recouvert d'une cloche en verre.

Au fond de cette pièce se trouve une autre porte, vous vous avancez et vous allez regarder ce qui se trouve derrière. Derrière cette porte se trouve exactement la même chose que dans la première pièce : un œuf scintillant sous une cloche en verre. Trois autres portes donnent sur trois autres pièces.

Vous vous baladez depuis plusieurs minutes et vous ne cessez de tomber sur des pièces identiques qui donnent sur d'autres pièces encore et encore. Vous comprenez que vous n'êtes pas au bon endroit et que vous tournez en rond.

Vous revenez à l'entrée du palais et vous vous dirigez dans les jardins. Plus vous vous rapprochez et plus vous entendez un ruissellement couler. Vous tournez la tête et vous pouvez voir une cascade sur votre gauche, le bruit de l'eau vous rassure et vous apaise. Des poissons se baladent également dans des petites mares parsemées ici et là.

Il y a énormément de végétation ici, des plantes poussent de partout. Des fleurs de toutes les couleurs ont éclos de façon anarchique.

Au centre du jardin se trouve un petit temple contenant une large coupelle en laiton doré. Vous comprenez rapidement que cet endroit est un lieu de purification et de libération profondes. Vous pouvez entendre le clapotis de l'eau en fond sonore se déverser au rythme de votre battement de cœur.

Vous retournez à l'intérieur du palais et vous ouvrez la première pièce. Sous la cloche contenant l'œuf, un petit écriteau est apparu, indiquant « Trahison ». Vous soulevez la cloche et serrez l'œuf contre vous. Vous retournez dans les jardins et vous déposez en conscience cette mémoire sur l'autel dans la coupelle. Elle ne vous appartient désormais plus, vous pouvez vous en détacher.

Je vous invite à poser ce livre et à continuer votre nettoyage en entrant dans chaque pièce du palais jusqu'à ce que vous ayez la sensation d'avoir lâché tout ce qui vous opprimait.

Ce lieu est votre terre d'exil, vous pouvez vous y retrouver à chaque fois que vous vous sentez déboussolée et dépassée. À chaque fois, refaites ce même exercice et nommez chaque œuf de chaque pièce du nom des choses qui vous blessent, puis déposez-les sur l'autel et laissez-les partir.

Vous pouvez faire cet exercice autant de fois que vous en ressentez le besoin. Pensez à boire un grand verre d'eau lorsque vous avez terminé et hydratez-vous plus qu'à l'accoutumée durant les prochaines 72 heures. L'eau est un élément conducteur, en buvant, vous facilitez le déblocage de vos mémoires cellulaires.

CHAPITRE 28

Lettre d'adieu à la relation

Parfois il vaut mieux manger seul

Voilà, vous avez avalé les kilomètres de conseils et d'exercices de ce livre, mais vous n'avez toujours pas fait une chose importante : l'au revoir solennel.

On dit que pour que les cœurs soient en paix, il faut de la paix. Quand les cœurs sont en guerre, alors nous sommes en guerre. Et nous, nous ne voulons pas de guerre, nous voulons être heureuses et gambader dans les prés, un mojito papaye à la main.

Alors, nous allons devoir faire notre fameux au revoir. Comme nous sommes des personnes classes et civilisées, nous allons faire ça proprement.

D'abord, vous irez vous laver les mains.

Ensuite, vous allez prendre un papier et un stylo et vous allez commencer par cracher votre venin. Si, si, allez-y, ça vous fera du bien.

Je vous donne quelques pistes : « Cher connard » peut être un parfait début de lettre, ou bien « Grosse conne » pour vous messieurs. Ce qui compte, c'est que ce soit dit avec le cœur ! Alors, dans ce début de lettre, vous allez écrire sans relire tout ce qui vous blesse encore et vous a fait du mal durant ou après cette relation.

Ne vous inquiétez pas de savoir si dans votre élan épileptique de postillons de reproches, vous accusez l'autre de choses insensées :

- à cause de toi, je chausse du 45 ! ;
- j'ai raté le casting de la « Nouvelle Star » parce qu'on dînait chez ta mère ce soir-là ;
- j'ai fait une rhinoplastie parce que tu trouvais que j'avais le même profil que notre tortue de mer.

Ce qui compte, c'est que ça sorte.

Une fois que vous sentez que tout est sorti, allez chercher votre papier « ACCEPTER LA RÉALITÉ », relisez-le et passez au second paragraphe : vous allez lister toutes les choses positives que la personne a faites pour vous ou ce qu'elle a pu vous apporter.

Cela peut être de façon directe (elle vous a permis de trouver du travail, de prendre confiance en vous) ou indirecte (elle vous a permis d'être moins naïve et de vous fier davantage à votre intuition lorsque vous ne sentez pas une personne), etc. Dans ce paragraphe, vous ne mettez en lumière que le positif et les moments de bonheur.

Lorsque vous avez terminé, vous clôturez votre lettre par cette phrase (ou une phrase de votre choix si vous préférez) :

« Je remercie la vie de m'avoir offert l'opportunité de vivre cette relation qui m'aura permis d'évoluer et de grandir. Je suis désormais prête à avancer vers le type de relation qui me correspond davantage et me rend heureuse. »

Datez et signez votre feuille et déchirez-la. Lorsque vous la mettez à la poubelle, émettez l'intention de laisser partir les schémas négatifs qui ont été travaillés durant cette relation.

CHAPITRE 29

Nettoyage du chakra sacré

Penser à faire la vaisselle

Lorsque vous faites entrer quelqu'un dans votre vie, vous l'autorisez à se « brancher » sur vous à différents niveaux : émotionnel, énergétique, mental et physique. L'aspect physique est relativement important, car il laisse en vous des résidus imperceptibles, mais propres à l'énergie de l'autre qui peuvent vous empêcher d'avancer, voire même vous bloquer dans la recherche de votre prochain partenaire.

Afin de mettre à zéro toutes les énergies de vos ex (et par la même occasion les souvenirs de leurs plus piètres performances), vous pouvez faire l'exercice de nettoyage suivant.

Symboliquement, vous pouvez le faire le premier jour de vos règles pour vous mesdames, ou le soir de la nouvelle lune pour celles qui n'ont pas ou plus leur cycle, et pour vous messieurs. Nous abandonnons l'ancien pour repartir sur un nouveau cycle, neuf, doté d'une puissante énergie créatrice en accord avec notre nouveau « nous ».

Pour faire cet exercice, nous allons utiliser deux principes très efficaces des lois universelles : la visualisation et la matérialisation.

Il vous faudra vous munir d'une petite bouteille vide et d'une substance à grain fin telle que du sucre, du sable, ou de la farine.

Vous allez verser en conscience doucement le sucre dans la bouteille en visualisant l'intégralité de votre vie sexuelle tel un film qui défile : débutez en versant la substance pour votre premier rapport, puis continuez en projetant les émotions négatives associées : honte, peur, pudeur, manque de confiance, etc. Ensuite, visualisez tous les partenaires que vous avez eus, et associez-les au sucre qui entre dans la bouteille, ils rejoignent le reste des souvenirs.

Une fois que votre bouteille est pleine, refermez-la, vous avez matérialisé devant vous la totalité des expériences, émotions ou liens reliés à votre chakra sacré. Nous allons faire un nettoyage, sachez qu'un nettoyage ne coupe jamais les liens d'amour ou les choses positives, vous ne faites que libérer le négatif ou les liens toxiques présents en vous.

Afin de terminer le nettoyage, vous avez deux possibilités : utiliser un bâton de sauge en fumigation que vous passerez tout autour de la bouteille jusqu'à ce que vous sentiez que le nettoyage est terminé (attention à ne pas mettre le feu à la baraque, vous voulez un nettoyage du sacré, pas un sacré nettoyage à faire), ou alors vous disposez la bouteille sous l'eau coulante du robinet en la tournant dans tous les sens jusqu'à ce que vous sentiez que tout a lâché, il n'y a pas de règle, écoutez-vous, lorsque vous sentez que c'est fini, c'est que c'est fini.

Une fois l'étape du nettoyage terminée, ouvrez le bouchon et jetez le contenu à la poubelle en posant l'intention de laisser partir tout ce qui ne vous élève pas et tout ce qui vous bloquait jusqu'à présent.

NUTRI-SCORE

A B C D E

CHAPITRE 30

Modélisation de l'homme idéal

Le plat sur-mesure

Imaginez que vous ayez un rendez-vous un samedi après-midi gare Lyon-Part-Dieu et que vous soyez censée rencontrer Bernard.

Vous allez vous rendre jusqu'à la gare, jusque-là tout va bien (sauf si vous avez le même sens aigu de l'orientation que moi et que vous arrivez à vous perdre même avec un GPS et que vous finissez du côté de Vaulx-en-Velin).

Vous voilà dans la gare, mais vous ne savez pas où est ce fameux Bernard. Vous fixez un peu tous les badauds, mais rien ne vous permet de le différencier de la multitude de personnes qui traversent cette gare.

En amour, c'est pareil : comment pouvez-vous trouver quelque chose si vous ne savez même pas ce que vous cherchez ?

Avant de demander à l'univers de vous envoyer l'homme de vos rêves (*voir* exercice chapitre 31), il va falloir créer et modéliser dans la matière ce qu'est un homme idéal, et je ne parle pas ici de qualités physiques, mais bien de qualités de cœur. Pour pouvoir trouver quelque chose dans la matière, il faut d'abord qu'il existe de façon énergétique sur un plan plus subtil.

Nous allons donc créer la représentation vibratoire de votre homme idéal afin qu'il existe quelque part et que vous puissiez l'attirer à vous dans la 3D.

Pour ce faire, c'est très simple, vous allez devoir prendre des exemples concrets et existants d'hommes ou de femmes qui vous inspirent et qui possèdent une ou plusieurs qualités que vous souhaiteriez retrouver dans cet homme ou femme idéal·e. (Si vous recherchez un homme, ne cherchez que ces qualités chez des hommes, et si vous recherchez une femme, chez des femmes.) Pour ce faire, vous pouvez utiliser des proches, des connaissances, des personnages de livres, de films, n'importe quelle représentation est bonne tant qu'elle vous a marquée et inspirée.

Voici un exemple :

- Mon homme idéal sera quelqu'un de profondément empathique, par exemple il sera à l'image de Michel Blanc dans le film *Je vous trouve très beau*, un homme qui sera capable de tout faire pour me rendre heureuse.
- Mon homme idéal sera très drôle, il me fera autant rire que le comique machinbidule.
- Mon homme idéal sera généreux, il sera comme mon grand-père Antoine et donnera tout ce qu'il a de plus cher pour les gens qu'il aime.
- Mon homme idéal sera romantique, il me traitera comme une princesse, comme Leonardo DiCaprio dans *Titanic*.

Le but de cet exercice n'est pas de fabriquer un homme parfait sans défauts, mais de vous prouver que chacune des qualités que vous recherchez existe, car tout ce qui a pu être imaginé peut être créé. Une fois que votre « modèle » prend vie, vous pouvez vous caler sur sa vibration pour l'attirer à vous.

CHAPITRE 31

Le futur homme parfait

La liste des courses

Quand nous voulons quelque chose, souvent nous pensons savoir ce qu'il en est, mais en vrai nous n'avons qu'une vague idée du produit fini.

- Bonjour, je cherche une armoire.

- Bien sûr Madame, vous voulez quel style d'armoire ? Gothique, antique, vintage, moderne ? Quelles dimensions ? Combien de placards ? Quelles finitions ? Quelle couleur ? Angle rond ou carré ? Plutôt étagère ou penderie pour l'intérieur ?

- Heu... Je voulais juste une armoire.

Et voilà comment vous vous retrouvez avec une armoire IKEA blanche qui ressemble à un poireau pas bio, et qui en plus ne rentre pas dans votre chambre.

En amour, c'est pareil : « Je veux un mec. »

Bah oui, mais attendez, va falloir être légèrement plus précise que ça, sinon vous allez finir par devoir mettre votre nouveau mec sur Le Bon Coin « En bon état, très peu utilisé, remise en main propre gracieusement ».

Nous avons tendance à penser que si le coup de cœur est là, l'amour fera le reste.

(Rire sardonique.)

Cessons d'être naïves. L'amour n'est pas une comptine Disney et si nous ne choisissons pas une personne qui « matche » nos critères, nous allons passer nos soirées d'hiver à courir après monsieur ou madame avec le rouleau à pâtisserie de chez Action.

Dans ce chapitre, je vais vous inviter à faire la liste descriptive de votre partenaire idéal. Cela peut paraître dingue de demander cela comme sur catalogue, mais n'oubliez pas qu'avec la loi de l'attraction, vous attirez ce que vous vibrez et ce sur quoi vous vous focalisez. Le but de l'exercice est de savoir PRÉCISÉMENT ce que vous voulez afin que vous posiez votre attention dessus.

Par exemple, si vous rêvez de conduire une deux-chevaux vert pomme, vous allez finir par ne croiser que ça. Pourquoi ? Parce que vous avez posé votre attention dessus et par lien de cause à effet, l'univers vous en placera sur le chemin. Cette théorie est souvent remarquée avec les femmes enceintes, ou les femmes qui sont désireuses de tomber enceintes : partout où elles vont, elles ne croisent plus que ça !

Pour ce deuxième exercice, vous n'avez besoin que de trois choses : un papier, un stylo et une playlist de 45 minutes contenant pour seule et unique chanson *Careless Whisper* de George Michael. (Vous voulez vous ambiancer oui ou non ?)

Ce chapitre vous permet également de réfléchir profondément à vos vrais désirs. Tout doit être passé au peigne fin. Comme je suis sympa, je me suis fait chier à faire un dessin type pour être sûre que vous n'oubliiez rien. Pensez à surligner les adjectifs de la catégorie « critères non négociables », ceux-là sont ceux que vous jugez en votre âme et conscience comme vitaux pour une future relation équilibrée, par exemple, une personne adorant les animaux et souhaitant adopter plusieurs chiens ou chats pourra placer dans sa catégorie « non négociables » le critère « Aime les animaux ».

Reportez chacun de vos choix sur votre page blanche. Écrivez, si vous en ressentez l'envie, plus de détails à côté, par exemple : « Je voudrais un homme qui aime la montagne et qui aimerait passer toutes nos vacances là-bas. »

Une fois que vous avez terminé votre liste, datez la feuille et rangez-la dans un tiroir. Vous la ressortirez quand vous rencontrerez votre prochain partenaire afin de vérifier si vos critères NON NÉGOCIABLES sont bien respectés. S'ils ne le sont pas, ne forcez pas. On ne rentre pas un triangle dans un rond sans casser des angles.

Passez votre chemin, mangez une pizza, vous trouverez quelqu'un de plus adéquat une autre fois.

Chaque fois que vous envoyez un signal précis et affirmé à l'univers « Arrête de m'envoyer des mecs qui habitent encore chez leur mère » en prenant des décisions concrètes (les renvoyer chez leur mère), vous confirmez à l'univers ce dont vous ne voulez pas, cela confirme et affine vos demandes. L'univers, tel un serviteur dévoué, prendra en compte vos refus et se positionnera sur vos nouvelles vibrations.

Anecdote

La loi de l'attraction est parfois très ironique et inattendue. Une amie à moi hôtesse de l'air avait posé des jours en plein été afin de partir trois semaines en vacances ; celles-ci se posaient sur un logiciel Internet et quelle ne fut pas sa surprise lorsqu'elle reçut son planning le mois précédant ses vacances et qu'elle se rendit compte qu'elle avait mal compté les jours à poser et qu'il restait un seul jour travaillé en plein milieu qui lui coupait toutes ses vacances en deux. Agacée, mais résignée, elle dut revoir ses plans et se rendit au travail ce fameux jour.

Le destin devait bien rire sous cape, car elle y rencontra un passager ce jour-là pour qui le coup de foudre fut immédiat et qui devint par la suite son petit ami et avec qui elle est encore très heureuse.

Pour la petite histoire, il est pilote et elle me disait toujours « Je ne me mettrai JAMAIS avec un pilote », cela n'était pas, par chance, un de ses critères non négociables, mais plus un critère qu'elle aurait préféré éviter.

Lorsque vous faites votre demande, l'univers vous entend, il prend en compte ce dont vous avez envie, mais prioritairement ce qui est bon pour vous et vous fera évoluer. Donc si vous ne voulez surtout pas d'un homme qui aime la montagne parce que vous faites plutôt partie de la team « pâte-à-crêpe » en hiver, cela peut être une façon détournée de la vie de vous amener à travailler votre pleine conscience ou votre connexion à la nature afin de découvrir quelque chose vers quoi vous ne seriez jamais allée de vous-même. J'ai le souvenir d'une amie hôtesse de l'air qui avait rédigé sa lettre, l'avait datée et l'avait ensuite laissée dans le fond de sa commode. Quatre mois plus tard, elle rencontra son futur fiancé avec qui elle resta des années et qui correspondait en tout point à ce qu'elle avait demandé.

Fiche du partenaire idéal

Physique

style vestimentaire

couleur de cheveux

taille

mariage

Émotionnel

attentionné

fusionnel

façon d'aimer

Social

câlin

fêtard

empathique

Familial

relation avec sa famille

famille soudée

famille recomposée

indépendance

Spirituel

sciences holisitiques

religion

croyances

Hobbies

films

sports

lecture

voyages

aventurier·ère

Projets de vie

vivre à deux

passion

projection

construire une maison

enfants

Signe astrologique

compatibilité

ascendant

Lifestyle

valeurs

à l'écoute

cocooning

position géographique

Caractère

drôle

colérique

patient·e

négatif

investi·e

mélancolique

passionné·e

positif

triste

ambition

CHAPITRE 32

Relations et désalignement

Commander le même repas que l'autre

Nous sommes des êtres désespérants, car lorsque l'amour sonne à notre porte, nous sommes plus rapides à aller ouvrir que lorsque nous attendons le livreur Domino's Pizza, ce besoin d'amour et d'être aimée est si fort qu'il arrive à nous faire jouer contre notre propre camp en plein tournoi de Ligue des champions.

Encore une fois, je vais vous demander de bien vouloir regarder les choses telles qu'elles sont, une relation demande des compromis nous le savons toutes, mais pas de sacrifices. Dès lors qu'il y a un sacrifice, il y a un déséquilibre dans les échanges énergétiques et émotionnels.

Combien de fois avez-vous diminué ou stoppé une activité parce que cela affectait votre couple ? Combien de fois avez-vous abdiqué sur le choix d'un restau, d'une destination de vacances, ou d'un projet qui vous tenait à cœur pour une personne que vous aimiez ?

Le but de ce chapitre est de vous reconnecter à ce que vous êtes et de profiler vos envies et besoins profonds afin de voir s'ils étaient respectés ou pas quand vous étiez encore en couple, ou s'ils le sont si vous êtes en relation.

Pour chaque catégorie, notez les projets ou les envies qui vous animaient avant ou après et que vous avez « lâchés » pendant :

	Avant d'être en couple	Pendant la relation	Constat
Danse	J'ai commencé les cours	J'ai arrêté	Arrêt
Course	1 fois par semaine (30 min)	3 fois par semaine (1 heure à deux)	Renforcé (mais moins de temps pour me retrouver)
Voir les amis	3 fois par semaine	1 fois par mois	Réduit
Vacances	3 fois par an	1 fois par an + compromis sur la destination	Réduit

	Avant d'être en couple	Pendant la relation	Constat

Relisez ensuite ce tableau : réalisiez-vous à quel point vous avez rongé votre frein pour « coller » à l'autre, à la relation ? Vous étiez-vous aperçue que vous aviez tant fait de sacrifices personnels au nom de l'amour ?

Si vous n'avez rien changé et si vous avez réussi à garder votre indépendance intérieure, bravo, brûlez ce livre.

Si vous avez négligé votre carburant intérieur, revoyez certains de vos choix, et laissez de nouveau entrer dans votre vie votre propre lumière et ce qui vous fait vibrer.

CHAPITRE 33

La musique

La playlist lounge

Voilà un outil de nettoyage émotionnel et énergétique que nous utilisons toutes à tort et à travers. Non, personne n'a envie de reprendre une cinquième fois en cœur l'album entier d'Hélène Ségara suite à votre rupture avec Paolo, personne, pas même elle.

Afin de se libérer d'un blocage, il faut libérer l'émotion qui y est rattachée.

Par exemple, si vous avez trouvé ce fameux Paolo au lit avec la cantinière pendant que vous emmeniez les enfants au catéchisme, vous avez certainement ressenti certaines de ces émotions :

- trahison ;
- peine ;
- envie de meurtre.

Elles se sont ruées sur vous comme des petites gargouilles et se sont dispersées dans tout votre être. Trop déstabilisée par elles, vous les avez laissées faire.

Certaines d'entre elles ont réussi à s'auto-éliminer toutes seules. Par exemple, l'envie de meurtre a été soulagée par un uppercut dans les parties génitales adressé au coupable.

D'autres émotions seront plus difficiles à déloger, car vous aurez envie de les garder un peu avec vous !

Pourquoi donc ?

Parce que les faire partir signifierait accepter la fin d'une situation qui nous paraît inacceptable. (Je vous avais prévenue que vous étiez tordue.)

Donc NOUS CROYONS qu'en gardant notre peine, cela nous rendra la vie d'avant, celle où Paolo était fidèle, et nous pas vraiment cocue.

La musique quant à elle peut être utilisée de deux façons.

Pour alimenter cette peine (*Elle, tu l'aimes*, Hélène Ségara) ou pour rebondir et trouver la force d'accepter et d'aller mieux (*I Will Survive*, Gloria Gaynor).

D'ailleurs, connaissez-vous les paroles de cette dernière (pas le yaourt que vous chantez à chaque soirée arrosée) ? Cette chanson est devenue pour moi un classique que j'écoute dès que j'ai besoin de rebooster ma confiance en moi et ma force intérieure.

Imprégnez-vous bien de l'énergie incroyablement puissante de cette chanson en conscientisant les mots et les paroles :

I will survive
Je survivrai

At first I was afraid, I was petrified
Au début j'avais peur, j'étais pétrifiée

Kept thinkin' I could never live without you by my side
En pensant sans arrêt que je ne pourrais jamais vivre sans toi près de moi

But then I spent so many nights thinkin' how you did me wrong
Mais depuis j'ai passé tant de nuits à penser à toutes les fois où tu m'as fait du mal

And I grew strong and I learned how to get along
Et je me suis endurcie et j'ai appris comment me débrouiller

And so you're back from outer space
Et alors tu reviens sorti de nulle part

I just walked in to find you here with that sad look upon your face
Je suis entrée et je t'ai trouvé là avec cet air triste sur ton visage

I should have changed that stupid lock,
I should have made you leave your key
J'aurais dû changer cette stupide serrure,
j'aurais dû te dire de me rendre ta clé

If I'd have known for just one second you'd be back to bother me
Si j'avais su une seule seconde que tu reviendrais pour m'ennuyer

Go on now, go walk out the door
Allez vas-y, prends la porte

Just turn around now 'cause you're not welcome anymore
Fais demi-tour maintenant, car tu n'es plus le bienvenu

Weren't you the one who tried to hurt me with goodbye
N'étais-tu pas celui qui a essayé de me faire
du mal en me quittant

Did you think I'd crumble, did you think I'd lay down and die
Pensais-tu que je m'effondrerais,
pensais-tu que je traînerais par terre et que je mourrais

Oh, no, not I, I will survive
Oh, non, pas moi, je survivrai

Oh, as long as I know how to love I know I'll stay alive
Oh, tant que je sais aimer je sais que je resterai en vie

I've got all my life to live and I've got all my love to give
J'ai toute ma vie à vivre et j'ai tout mon amour à donner

And I'll survive, I will survive, hey, hey
Et je survivrai, je survivrai, hé, hé

It took all the strength I had not to fall apart
J'ai dû puiser au plus profond de mes forces
pour ne pas m'effondrer

Kept tryin' hard to mend the pieces of my broken heart
En essayant de réparer difficilement les morceaux
de mon cœur brisé

And I spent, oh, so many nights just feeling sorry for myself
Et j'ai passé, oh, tellement de nuits à me désoler sur moi-même

I used to cry, but now I hold my head up high
J'avais l'habitude de pleurer, mais maintenant je relève la tête

And you see me, somebody new
Et tu me vois, je suis quelqu'un de nouveau

I'm not that chained up little person still in love with you
Je ne suis pas cette petite personne enchaînée
encore amoureuse de toi

And so you feel like droppin' in and just expect me to be free
Et toi tu reviens avec l'envie de me revoir
en t'attendant à ce que je sois disponible

But now I'm savin' all my lovin' for someone who's lovin' me
Mais maintenant je garde tout mon amour
pour quelqu'un qui m'aimera vraiment.

En utilisant la musique de façon autonettoyante, en mode pyrolyse, vous vous autorisez à extérioriser ce qui vous bouffe et à laisser partir les émotions polluantes. Une fois ces émotions libres, ne reste en vous que l'expérience vécue sans aucune aspérité émotionnelle sur laquelle buter. Lorsque vous ressentez le besoin d'être dans la phase musicale « dépressive », écoutez-vous, mouchez-vous sur le single deux titres de Pascal Obispo et son *Tombé pour elle* et attendez de passer à la phase 2 : celle où votre énergie va être augmentée en un rien de temps par des chansons de *warrior*.

La chanson *Survivor* des Destiny's Child par exemple est un super exemple :

Now that you are out of my life,
Maintenant que tu es sorti de ma vie,

I'm so much better
Je me sens mieux

You thought that I'd be weak without ya,
Tu pensais que je serais faible sans toi,

But I'm stronger
Mais je suis plus forte

You thought that I'd be broke without ya,
Tu pensais que je serais ruinée sans toi,

But I'm richer
Mais je suis plus riche

You thought that I'd be sad without ya,
Tu pensais que je serais triste sans toi,

I laugh harder
Mais je ris plus fort

You thought I wouldn't grow without ya,
Tu pensais que je n'évoluerais pas sans toi,

Now I'm wiser
Maintenant je suis plus sage

You thought that I'd be helpless without ya,
Tu pensais que je serais impuissante sans toi,

But I'm smarter
Mais je suis plus intelligente

You thought that I'd be stressed without ya,
Tu pensais que je serais stressée sans toi,

But I'm chillin'
Mais je suis plus détendue

You thought I wouldn't sell without ya,
Tu pensais que je ne vendrais pas d'album sans toi,

Sold 9 millions
Mais j'en ai vendu 9 millions.

Morale : chantez, pleurez, extériorisez, mais par pitié ne meuglez plus du Céline Dion durant des mois !

CHAPITRE 34

Le poids de la focalisation de pensée

Du bonheur sur place ou à emporter

Vous êtes une machine particulièrement incroyable : vous avez de la magie qui sort du chapeau ! Vos pensées créent et défont à souhait votre réalité.

Chaque fois que vous allez penser, c'est un peu comme si vous teniez dans les mains une catapulte énergétique : vous pouvez la remplir de fleurs et de papillons tout mignons, ou au contraire la remplir des excréments de votre chien parce que vous êtes aigrie et avez envie de vous sentir moins seule à souffrir.

Vous allez nourrir absolument tout ce à quoi vous pensez : si vous vous focalisez sur votre culotte de cheval, ne soyez pas surprise si un jour vous finissez par hennir et secouer la crinière en galopant.

Vous êtes capable de vous autosuggérer tout un tas de trucs étranges et improbables : « je crois que j'ai chopé une MST en touchant la rampe du métro », et devinez quoi ? Des signes de maladies arrivent et confirment votre mauvais diagnostic ! Vous le jureriez, vous êtes aussi probablement enceinte, oui, même vous monsieur !

L'esprit est puissant : jetez un œil à Doctissimo en voulant être confortée par le fait que non, vous n'avez pas la lèpre, et vous serez étonné de voir que vous vous retrouverez dans absolument tous les symptômes !

Votre esprit est malléable et influençable ! Suggérez-lui quelque chose et il y a de fortes chances qu'il le croie !

Il est donc de votre devoir de focaliser vos pensées vers ce que vous voulez et non pas vers le reste.

La plupart des personnes ayant atteint leurs objectifs ont une phrase en commun : « Je ne pensais qu'à ça, j'étais persuadé que cela arriverait. »

Quand vous posez une empreinte émotionnelle sur une demande, vous activez de façon puissante la loi de l'attraction dans la matière.

Pensée

\+

Projection

\+

Émotion vécue réellement

=

Événement créé dans la matière

Alors, comment créer un événement voulu dans la matière ?

PENSÉE

Jusque-là, penser, vous savez faire, il suffit de remplacer toutes les fois où vous avez envie de commander un kebab sauce samouraï par des pensées déterminées reliées à votre projet et vos envies.

PROJECTION

La projection, c'est légèrement plus contraignant : vous allez devoir vous visualiser et CROIRE profondément à ce que vous désirez pour que l'univers s'aligne sur vous. Ne perdez pas de temps à rêvasser sur des choses auxquelles vous ne croyez pas, il y a peu de chances qu'elles vous parviennent. La clé d'une projection réussie est de visualiser quelque chose que vous pensez possible dans votre for intérieur.

ÉMOTIONS VÉCUES

Reste enfin l'émotionnel. Ce fameux émotionnel qui pose encore et toujours problème. Pour vibrer votre projet, vous allez devoir ressentir. Nous sommes bien souvent coupées de nos ressentis, or, cette étape est indispensable pour créer sa légende, pour créer sa destinée dans la matière.

Pour créer l'émotion, vous pouvez repasser en boucle le film du *Roi lion* et pleurer à chaque fois que Mufasa se fait piétiner par le troupeau de gnous, ou bien vous pouvez utiliser un super outil dont on dispose tous : l'alignement.

Mais qu'est-ce que c'est que cette nouveauté ?

Être alignée, c'est être connectée à son moi supérieur, à la source même de l'univers, à la vie, à ses envies profondes.

Si vous voulez faire une loi de l'attraction pour gagner le million (avec ou sans patate ?), vous risquez de ne jamais y arriver, car aucune émotion n'est réellement attachée à ce souhait. La cupidité et l'envie de débarquer en Merco[15] au quartier n'est pas un alignement en soi par exemple.

Dans ce cas, votre demande risque fort d'être aussi vite traitée qu'une demande d'allocations à Pôle emploi.

En revanche… si vous êtes alignée, vous allez rêver, vibrer, vous émerveiller sur un projet qui vous tient réellement à cœur. L'émotionnel sera inclus dans votre énergie, car vous vibrerez réellement sur le bonheur et la motivation de mener ce projet à bout. Et, croyez-moi, c'est là que la magie opère !

Quand on veut quelque chose du plus profond de son cœur aligné à la source et à ses véritables motivations profondes, tout devient possible.

15. Modèle de voiture Mercedes-Benz.

Dans notre cas, il sera important de cerner ce que nous voulons dans une relation, car si nous nous « bradons » pour quelque chose dont nous ne voulons surtout pas (par exemple, vous vivez très mal le fait de ne pas avoir d'enfant passé la trentaine et de ne rencontrer que des hommes qui ont déjà des enfants), si vous n'« acceptez » pas de revoir vos critères et ce que vous désirez profondément en vous, vous risquez d'attirer des relations non alignées, car votre âme et votre cœur ne seront pas de la partie. Apprenez à vous connaître et à savoir ce qui est bon pour vous et ce que vous souhaitez vraiment.

CHAPITRE 35

La drague et le self-esteem

Je peux vous offrir un verre ?

Le problème de la majorité des nanas (sauf les frappes atomiques, mais ni vous ni moi ne sommes concernées, ne vous inquiétez pas), c'est que nous sommes trop gentilles, trop tolérantes.

Quand vous vous faites draguer, vous allez majoritairement être ouverte et sociable. Attention, je ne parle pas du lourd qui vous siffle en bas de la rue en pissant sur le lampadaire. Je vous parle du mec courtois en soirée ou de l'ami de l'ami à qui vous voulez du bien.

Ceux-là, vous n'allez pas les rembarrer méchamment. Vous allez MÊME essayer de vous convaincre qu'ils ne sont pas si mal. Alors ce petit trait de caractère qu'ont beaucoup de femmes, ce n'est pas un manque de critères ou une mocheté flagrante, non, c'est bien plus pernicieux que cela.

Si vous trouvez des circonstances atténuantes à toutes les personnes vous signalant un MINIMUM d'intérêt tout en vous demandant « Oui, mais s'il ne sentait pas des aisselles, est-ce que ? », c'est que vous n'avez pas établi vos FOUTUS STANDARDS !

Qu'est-ce que cela signifie ?

Si je vous jette dans un peloton de coureurs sans vous donner d'informations, vous allez courir sans trop savoir où aller. Vous allez être dépassée et dépasser d'autres coureurs, mais vous ne saurez jamais vraiment où vous vous situez. Vous serez obligée de vous positionner en fonction des autres : peut-être serez-vous devant, mais devant le dernier de la course. Pourquoi ? Parce que vous n'avez aucune idée de votre place.

Établir vos standards signifie que vous savez où vous êtes et que quiconque jappera derrière vous, même en vous donnant la patte, ne sera digne d'aucun intérêt, si ce n'est amical.

Si vous êtes à 100 %, vous n'accepterez pas un 99,9 %.

En gros, vous pensez que je suis en train de vous dire de rayer l'entièreté de l'humanité de la carte.

Mais non !!

Enfin, si.

N'acceptez que ce que vous cautionnez. Si vous voulez un mec honnête, travailleur et sportif, ne vous abaissez pas à prendre quelqu'un qui ne « matche » pas ces critères. C'est le meilleur moyen de se retrouver dans une relation chewing-gum et de ne plus réussir à s'en sortir !

*LEVEL UP the standards, it's time to shine!**

---

* *Élevez vos standards, il est temps de briller !*

Anecdote

Je ne compte plus le nombre de mes copines brillantes, jolies, intelligentes et qui gagnaient bien leur vie qui se sont mises en couple avec des mecs qui ne leur arrivaient pas à la cheville... Moi y compris ! Au début, on se dit qu'on ne cherche pas un homme qui gagne bien sa vie, mais que l'on veut avant tout quelqu'un de bien. Puis on se dit que c'est vrai, il n'aide pas trop à la maison, mais bon il ne sort pas en boîte chaque week-end, donc on se dit que ça pourrait être pire. Puis il ne paye plus le loyer, car il a du mal à gérer son argent, donc on les aide à essayer de résoudre cela, tandis qu'en réalité ils ne changent absolument pas leur façon de faire, car ILS SONT comme cela.

L'expérience m'a appris que ce que l'on accepte dès le départ qui ne « matche » pas nos critères sera la raison qui fera que la relation se terminera au bout du compte.

Choisissez quelqu'un qui soit autant sinon plus extraordinaire que vous, car vous le méritez, vous n'êtes pas obligée d'être la mère, l'infirmière, le créancier ou l'assistante sociale de votre conjoint, trouvez un partenaire qui soit déjà établi et mature, vous gagnerez du temps et de la tranquillité d'esprit.

Écrivez votre valeur, écrivez ce que vous recherchez, écrivez ce que vous méritez ! Apprenez cette putain de liste par cœur et servez-vous-en pour évaluer les rencontres ! Si la personne n'atteint pas les standards, passez votre tour. N'acceptez que ce que vous méritez !

CHAPITRE 36

Bien s'entourer après une rupture

Quand il y en a pour un il y en a pour dix !

Une chose essentielle lorsque vous traversez une rupture est de trouver des personnes qui sauront vous aider à vous relever sans vous materner, sans vous accabler « je le savais qu'il te tromperait », et surtout sans vous juger « je t'avais dit de ne pas te mettre avec lui ».

Parfois, la solitude est telle que l'on préfère être mal entourée que pas entourée, et pourtant votre taux énergétique est si bas durant ce laps de temps où vous êtes en pleine reconstruction que vous ne pouvez pas vous permettre le luxe de côtoyer n'importe quel bandit au bas taux vibratoire. Vous pouvez avoir été en couple durant dix ans et soudainement ne plus avoir vraiment d'amis, car c'était des amis communs et clairement, en réalité, ils ne pouvaient pas vous piffer, alors vous partez en recherche de nouvelles amitiés et vous n'êtes pas regardante tant que vous vous changez les idées. Ou vous pouvez vous tourner vers vos amis d'enfance qui jugeront ce divorce trop précipité, ou critiqueront votre ex tout en oubliant le plus important : vous aider vous.

Bien s'entourer, c'est aussi parfois faire des choix qui ne sont pas logiques. Une amie rencontrée trois mois plus tôt peut être une meilleure confidente que votre amie Sandy qui a perdu sa virginité à la même soirée « bière et punk » que vous en 2003. Même une amitié virtuelle peut parfois être plus efficace si elle est sincère.

Gardez en tête que vous êtes dans un état émotionnel faible et que vous avez besoin de personnes heureuses et bienveillantes pour vous aider, soyez égoïste, pensez à vous et entourez-vous bien, parfois les proches sont aussi emmurés dans leur propre malheur et font des projections qui, au lieu de vous aider, serviront davantage à les rassurer eux.

CHAPITRE 37

Quel support énergétique et spirituel ?

Ne nous leurrons pas, être heureuses et se libérer des casseroles que nous traînons n'est pas chose aisée, alors bien sûr, vous entendrez certaines personnes qui vous diront « j'ai réussi à trouver les réponses en moi, j'ai bu du thé vert laotien, j'ai eu la chiasse et ensuite j'ai eu une révélation divine », mais la plupart des gens auront bien du mal à libérer les blocages ancrés dans leur mémoire cellulaire pour la simple et bonne raison qu'ils peuvent être inscrits dans votre A.D.N. depuis des générations (c'est ce que l'on appelle dans le jargon une mémoire transgénérationnelle, la version énergétique du gros tarin et du cholestérol que vous avez récupérés de votre oncle Jacky, par exemple).

Ces blocages peuvent même être inscrits en vous depuis plusieurs vies : si vous avez vécu des schémas amoureux défaillants tout au long de vos précédentes incarnations, toutes les peurs, les échecs ou les leçons non comprises se trouveront encore en vous jusqu'à ce que vous les libériez.

La mémoire cellulaire est identique à la carte mère d'un ordinateur : absolument tout ce qui compose, transite et passe à l'intérieur y est enregistré. Vous aurez des dossiers utiles, des fichiers ne vous appartenant pas, mais également des virus. Celui qui n'a jamais fait d'introspection se retrouve alors avec un ordinateur chargé, sans mise à jour effectuée et avec plein de spams inopinés. La médecine commence enfin à recouper la puissance et l'importance de la mémoire cellulaire lors d'une greffe : la personne ayant reçu la greffe récupère des données cellulaires appartenant au donneur (diabète, peur qu'elle n'avait pas comme la claustrophobie, nouveaux goûts alimentaires, etc.).

Ceci s'explique par le fait que toutes les mémoires sont enregistrées et se transfèrent ; lors d'une naissance, l'enfant récupère une partie des blocages et aptitudes de sa lignée paternelle ainsi qu'une partie des blocages et aptitudes de sa lignée maternelle.

Toutes les mauvaises expériences ne se transforment pas obligatoirement en blocages dans votre mémoire cellulaire ; pour être « emprisonnées », elles nécessitent un covoitureur : l'émotion. Si vous vous faites larguer par Jean-René, le mec avec qui vous êtes sortie pour oublier votre ex, vous risquez de passer vite à autre chose, car votre jauge émotionnelle n'est pas fortement impliquée dans l'expérience. En revanche, si vous êtes amoureuse d'un homme qui ne le sait pas et que vous apprenez qu'il vient de se mettre en couple avec une autre, il y a de fortes chances que vous créiez un blocage dans votre mémoire cellulaire relié à la blessure d'injustice, de rejet ou d'abandon.

La création des blocages, surtout dans le domaine affectif, n'a pas de logique, vous pouvez ancrer en vous des blocages après avoir seulement entendu une parole blessante, et certaines mémoires peuvent également se réveiller de façon anodine : vous voyez à la télévision une scène montrant une femme qui découvre la tromperie de son conjoint, vous n'avez jamais vécu une situation telle, pourtant le soir même ou le lendemain vous ne comprenez pas pourquoi vous ressentez un « vague à l'âme », une tristesse inexpliquée. Vous vivez ce que j'appelle une mémoire réflective : vous revivez une situation d'une vie antérieure ou bien celle d'un aïeul de votre lignée qui a été tellement marquée par l'expérience qu'il ou elle l'a matérialisée par un blocage dans sa mémoire cellulaire.

Bien souvent, nos émotions nous indiquent que quelque chose ne va pas, mais nous ne pouvons faire le rapprochement, car ce sont des informations cellulaires très imbriquées et qui suivent un raisonnement totalement illogique.

Alors, comment optimiser votre cheminement personnel avec un support énergétique et spirituel ?

Vous pouvez porter des bijoux medeores[16], ces bijoux sont programmés pour des soins qui libèrent et nettoient la mémoire cellulaire, selon votre besoin ; vous trouverez entre autres des soins sur la lignée transgénérationnelle, sur les vies antérieures, sur les blessures de l'enfance, mais également sur tous les aspects possibles où des blocages émotionnels peuvent s'être créés.

Autre possibilité : trouver précisément la nature du blocage cellulaire qui vous bloque à l'instant T. Pour cela, vous pouvez faire un tirage avec *L'Oracle d'Ankaa*[17] : cet oracle est le premier oracle de nettoyage de la mémoire cellulaire et de la libération des états d'âme. Il vous permet de comprendre quand a été créé un blocage, pour quelle raison et comment s'en libérer. Il est simple d'utilisation et ne requiert aucune compétence particulière.

Je ne saurais que trop vous conseiller également de faire régulièrement des soins de réharmonisation générale de vos chakras et de votre énergie vitale. Trouver un bon thérapeute et faire une séance en cabinet de temps en temps vous permettra de garder vos chakras et votre énergie globale aussi propre que votre Peugeot après une vidange chez Norauto.

Ces soins peuvent être prodigués sous plusieurs formes : magnétisme, reiki, kinésiologie, etc. Ce qui est vraiment important, c'est que vous ressentiez que l'énergie du thérapeute vous correspond, faites-vous confiance, car il y a pléthore de « professionnels » qui ont des énergies discutables dans ce milieu. Si vous avez un doute, abstenez-vous et préférez le bouche-à-oreille pour faire votre choix plutôt qu'un site Internet attrayant ou une personnalité très suivie sur les réseaux sociaux.

Votre cheminement sera probablement parsemé de périodes de grandes transformations où beaucoup de libérations seront effectuées, puis de périodes de jachère où vous aurez l'impression de stagner, c'est typique d'une évolution spirituelle normale : vous ne pouvez pas débloquer tout d'un coup, vous passerez par des phases où vous vivrez des expériences d'une part et où vous aurez un temps de repos pour les transcender et vous en imprégner par la suite.

16. Disponible sur le site www.lesmedeoresdankaa.fr.
17. *L'Oracle d'Ankaa*, Le Courrier du Livre, 2020.

Chaque fois que vous libérez une partie de vous souffrante, vous libérez la partie associée de vous qui y était raccrochée, par exemple si une femme d'une lignée de femmes abusées sexuellement va libérer ses blocages, elle libère les mémoires associées dans toutes ses vies antérieures, mais cela aura également des répercussions sur les femmes de sa lignée transgénérationnelle : chaque mouvement quantique se répercute sur tous les pans de votre existence.

Une décision prise un lundi matin peut bouleverser votre destin, car chaque décision vous fait sauter d'un futur potentiel à un autre, voilà pourquoi je dis toujours qu'il n'y a pas de petites décisions ni de petits changements, chaque fois que vous posez l'intention de vous améliorer, vous vous rapprochez de votre destinée de rêve, de la vie que vous voulez profondément.

Épilogue

Je suis tellement heureuse d'avoir pu vous accompagner tout au long de ces pages afin de vous prouver que vous étiez capable de vous relever et que rien de tout ce qui est extérieur ne peut en réalité vous détruire.

J'ai à cœur de retrouver vos commentaires me disant à quel point vous avez COMPRIS, que désormais vous êtes détachée de ces attentes, de cette souffrance et qu'enfin vous pourrez VIVRE réellement.

Car là commence la vraie vie, lorsque l'on s'aime, lorsque l'on se choisit, lorsque l'on se fait passer en priorité, qu'importe les relations ou les événements.

Lisez, relisez, laissez infuser ce livre en vous et soyez heureuse, j'attends bien évidemment les millions de faire-part d'invitation à vos mariages et je vous souhaite le plus grand des bonheurs seule... ou à deux.

Stéphanie

À propos de l'auteure

Stéphanie Abellan s'est toujours intéressée à la spiritualité et au développement personnel. Tout son travail de thérapeute depuis dix ans est ainsi axé sur la libération et le nettoyage de la mémoire cellulaire. Créatrice des bijoux Medeores, elle propose ainsi ses soins et de nombreux outils thérapeutiques de développement personnel sur son site : www.lesmedeoresdankaa.fr

Elle est également l'auteure du célèbre guide d'éveil *Karma Bitch* et de *L'Oracle d'Ankaa*, parus au Courrier du Livre, mais aussi de *L'Oracle des Medeores*, paru aux éditions Exergue, et de la *Good Karma Box*, parue aux éditions Contre-Dires.

Retrouvez Stéphanie Abellan sur ses réseaux :

www.lesmedeoresdankaa.fr
@lesmedeoresdankaa
Les medeores d'Ankaa